Migrantinnen in der Krise des Care-Modells am Beispiel Italiens

»Substanz«

Luisa Talamini

Migrantinnen in der Krise des Care-Modells am Beispiel Italiens

Die Deutsche Bibliothek verzeichnet diese Publikation
in der Deutschen Nationalbibliografie.
Detaillierte bibliografische Daten sind im Internet abrufbar unter
http://dnb.d-nb.de

Besuchen Sie uns auch im Internet:
www.marta-press.de

1. Auflage April 2017
© 2017 Marta Press Verlag Jana Reich, Hamburg, Germany
www.marta-press.de
© Umschlaggestaltung: Niels Menke, Hamburg,
unter Verwendung eines Fotos der Autorin.
Printed in Germany.
ISBN 978-3-944442-56-3

A mia nonna e a mia madre

Inhaltsverzeichnis

EINFÜHRUNG

Seit dem Ende der 1990er Jahre hat sich die Pflege der „älteren Generationen" in Italien zu einem relevanten Anliegen entwickelt, welches auch aufgrund der dort besonders stark aufgetreten Alterungsprozesse der Gesellschaft immer dringlicher in den Vordergrund trat (Eurostat 2014:8). Ab diesem Zeitpunkt wurde zunehmend – und massiver als in anderen Ländern (vgl. Simonazzi 2009:220ff) – auf die „Lösung" der meistens *weiblich* migrierten häuslichen Pflegekräfte zurückgegriffen (vgl. Chiaretti 2005; Simonazzi 2009; Degiuli 2010). Der Rückgriff auf diese Form der Arbeiter_innen erreichte schnell die Mitte der Gesellschaft und verbreitete sich so stark, dass einige Soziolog_innen (Bettio et al. 2006; Da Roit/ Weicht 2013; da Roit/Sabatinelli 2013; van Hooren 2008; 2010) von einem neuen Care-Modell sprachen, welches als *„migrant in the family"* care model (im Folgenden übersetzt mit „Migrant*in* in der Familie"-Care-Modell) bezeichnet wird. Bemerkenswert ist, dass Italien für das Ausmaß der Einstellung dieser Pflegekräfte einen Einzelfall unter den europäischen Ländern darstellt (vgl. van Hooren 2008:3;12). Aber *warum hat sich dieses Care-Modell in Italien entwickelt und etabliert? Welche Faktoren haben zu seiner Verbreitung beigetragen?* Ziel der folgenden Analyse ist es, in erster Linie diese Fragen zu erörtern, zu beantworten und gleichzeitig einen Blick auf die aktuellen Entwicklungen diesbezüglich zu werfen. Seit 2008 erlebt Italien eine Zeit wirtschaftlicher Depression. Seine heutige ökonomische Situation ist somit nicht die gleiche wie vor 20 Jahren, als sich dieses damals neue Care-Modell etablierte. Es ist dementsprechend zu vermuten, dass die ökonomische Krise einige gesellschaftliche Gleichgewichte aufgehoben und verschoben hat und dass das Care-Modell davon nicht unberührt blieb. Herauszufinden, *inwieweit und inwiefern sich die ökonomische Krise auf das „Migrant*in* in der Familie"-Care-Modell ausgewirkt hat*, stellt deshalb den zweiten Forschungsgegenstand der folgenden Analyse dar.

1. KONTEXTUALISIERUNG

1.1 Kontextualisierung und Positionierung[1]

> *"They say it is love. We say it is unwaged work.*
> *They call it frigidity. We call it absenteeism.*
> *Every miscarriage is a work accident.*
> *Homosexuality and heterosexuality are both working condi-*
> *tions...but homosexuality is workers' control of production, not end of*
> *work.*
> *More smiles? More money. Nothing will be so powerful in de-*
> *stroying the healing virtues of a smile. Neuroses, suicides, desexuali-*
> *sation: occupational diseases of a housewife."*
> Silvia Federici, Wages Against Housework, 1975[2]

Zur Einschränkung des Forschungsgegenstandes und seiner allgemeinen Behandlung möchte ich ein Vorwort vorausschicken, dass
diese Arbeit insofern kontextualisiert, indem es ihre historischen, aka-
demischen und biografischen Ursprünge beleuchtet.

1975 schrieb Silvia Federici „Counterplanning from the Kitchen"
und „Wages against Housework", ein zentrales Manifest der Gruppe
„Wage for Housework" und generell des feministischen Kampfes für
die Entlohnung der sogenannten Reproduktionsarbeit. Ihrer Meinung
nach lag der Fehler der linken (marxistischen) Parteien und der links-

---

[1] An dieser Stelle möchte ich meiner Betreuer*in Hildegard Maria Nickel für
ihre konstruktive Begleitung, durch die meine Arbeit beträchtlich an Qualität
gewonnen hat, danken. Ein besonders herzlicher Dank geht auch an meine
Betreuer*in Christine Bauhardt, dafür, mir den richtigen Ansporn gegeben zu
haben, meiner Idee zu folgen. Ohne sie wäre diese Arbeit nie so möglich
gewesen. Für Gedanken, Ratschläge und Anmerkungen von Christine Kaiser,
Livia Anita Fiorio und Felix Aßmann schulde ich ihnen speziellen Dank.
Nicht zuletzt möchte ich mich bei Ute Werner für ihre Korrekturen bedanken.

[2] Das Zitat stammt aus Federici (2012:15).

orientierten Bewegungen darin, die Reproduktionsarbeit von der ökonomischen Analyse über die kapitalistischen Ausbeutungsverhältnisse der Arbeiter_innenklasse ausgelassen zu haben. Im Manifest forderte die Autorin u.a. die Einführung von Lohn für die Hausarbeit, doch sie war sich darüber bewusst, dass die Entlohnung dieser Arbeit noch keine Revolution gewesen wäre. Ein Lohn stelle nur einen strategischen Schritt auf dem einzigen revolutionären Weg dar, der einer radikalen Veränderung der Position der *Frauen* innerhalb der Arbeiter_innenklasse und der kapitalistischen Gesellschaft hätte ermöglichen können. Die kapitalistische Produktion – so Federici – basierte auf der Familie und auf unbezahlter Haus- und Reproduktionsarbeit, die nicht nur in der Tat von *Frauen* geleistet, sondern auch als Ausdruck *weiblicher* Natur und Identität gesellschaftlich wahrgenommen wird (Federici 2012:16ff; 28-39). Diese Arbeit war keine Arbeit aus Liebe, vielmehr war Liebe eine Arbeit. Federici und die Gruppe „Wage for Housework" waren nicht die einzigen Feminist_innen, die diesen Kampf für die Anerkennung der Reproduktionsarbeit sowie für die Entkopplung dieser Arbeit von der gesellschaftlich erwarteten *Frauen*biografie führten, ganz im Gegenteil – dies war eines der Hauptthemen der sogenannten *zweiten Welle des Feminismus*.[3] Heute, genau in einem Land – Italien –, in dem dieses Manifest eine beachtliche Verbreitung fand, wird ein stetig zunehmender Anteil von *Frauen* für die Erledigung der Reproduktionsarbeit (hierbei besonders für die Pflege älterer Menschen) bezahlt.[4] Allerdings lassen die Studien, die sich mit Fragen wie u.a. „wer sind diese *Frauen* und unter welchen Bedingungen arbeiten sie?" auseinandersetzen, nicht viele Zweifel darüber, ob aus der Entlohnung der Hausarbeit die Grundlage für eine Revolution der Geschlechter- und Machtverhältnisse zugunsten aller *Frauen* gelegt wurde – oder eben nicht.[5] Die Idee folgender Arbeit hat

---

[3] Mariarosa Dalla Costa schrieb: „[D]enn das Problem ist nicht so sehr, und nicht ausschließlich, die ganze Arbeit hinzuschmeißen, sondern die gesamte Hausfrauenrolle zu zerstören" (Dalla Costa 1973:43). Siehe auch u.a. die Beiträge von Mariarosa Dalla Costa (1983) und im deutschsprachigen Raum Veronika Benholdt-Thomsen et al. (1988), Gisela Bock und Barbara Duden (1977), Maria Mies (1988), Claudia von Werlhof (1978).

[4] Siehe Kapitel 4 und 5.

[5] Gisela Notz (2010) bezweifelt, dass die Kommodifikation aller unbezahlt geleisteter Haus- und Reproduktionsarbeiten positive Auswirkungen hätte.

zum einen ihre Ursprünge aus diesen Fragen (auch wenn diese nicht unmittelbar beantwortet werden) und aus der Reflexion über diese genannten historischen und gesellschaftlichen Entwicklungen, sowie aus dem Wunsch, ein wichtiges Thema der feministischen Geschichte – das Thema der Reproduktionsarbeit und insbesondere der Care-Arbeit und der Ökonomiekritik – wieder aufzugreifen und eine feministische Analyse der jüngsten Geschlechter-, Sozial- und Migrationspolitiken und Praxen bzgl. einer spezifischen Form der Care-Arbeit – die Pflege älterer, hilfsbedürftiger Familienangehörigen – in Italien zu liefern.

Um einen weiteren Aspekt zu beleuchten, beschäftigt sich diese Arbeit gleichzeitig mit dem Thema Care-Work, das durch verschiedene Ungleichheitsachsen geprägt ist. Geschlecht, Klassenzuschreibung und -angehörigkeit sowie Herkunft und rassistische Zuschreibungen spielen u.a. hierbei eine entscheidende Rolle. In der Zeit globalisierter Pflege sind solche gesellschaftlichen Hierarchien (u.a. aufgrund von Klasse, Herkunft und Geschlecht) stark ausgeprägt. Diese sowie die Unterdrückungsmechanismen[6], die auf der institutionellen Ebene in Gang gesetzt, aufrechterhalten und normativ untermauert werden, sichtbar zu machen, soll als eine für Wissenschaftler_innen dringende Aufgabe wahrgenommen werden. Mit dieser Arbeit möchte ich auch ein Stück weit diese Aufgabe erfüllen. Ich möchte auch transparent machen, dass diese Arbeit aus der Perspektive einer nicht-betroffenen Person geschrieben ist.

„Das würde zur Folge haben, dass alle Arbeiten, die der Befriedigung immaterieller Bedürfnisse nach Kommunikation, Zuwendung, Zärtlichkeit etc. dienen, den Kriterien der Lohnarbeit unterworfen und damit kaufbar und zur Ware würden. An der geschlechtsspezifischen Zuweisung würde eine Bezahlung kaum etwas ändern" (Notz 2010:482). Einige Autor_innen haben sich mit der Beantwortung der genannten Fragen beschäftigt, in Bezug auf Italien siehe u.a. Chiaretti (2005; 2009).

[6] Die Arbeitsteilung auf globaler Ebene und die Tatsache, dass Migrant_innen die Pflege älterer Menschen in reicheren Ländern als ihrem Herkunftsland übernehmen, hat negative Folge (z.B. *care deficit* in ihren Herkunftsländern, ihre Ausbeutung in den Ländern, in denen sie arbeiten, usw.). Sie zieht allerdings auch teilweise „*positive*" Aspekte mit sich. Ein Beispiel dafür ist die neue Rolle bzw. Position als Hauptverdiener*innen*, die diese *Frauen* innerhalb ihrer Familie übernehmen. Dazu siehe auch u.a. Chiaretti (2009), Pavan (2014).

Schließlich stellt die Entscheidung, sich in dieser Arbeit mit einem italienischen Fall zu beschäftigen, keinen Zufall dar. Das in der Einführung dargestellte Erkenntnisinteresse hat zudem seinen Ursprung in meiner persönlichen Biografie: Geboren in Italien, habe ich mit meinen eigenen Augen die plötzliche Zunahme von meistens *weiblichen* Migrant_innen als häusliche Pflegekräfte und die Umwandlung des Care-Modells ein Stück weit beobachten und erleben können. Überraschend und beachtlich fand ich schon damals (Ende der 1990er Jahren) nicht nur die Herkunft dieser Arbeiter_innen, sondern auch die Tatsache, dass eine Hausangestellte zu haben, nicht weiterhin ein besonderer Vorzug oder Merkmal des Großbürgertums zu sein schien, ganz im Gegenteil. Das harte Leben dieser Arbeiter_innen war kein Geheimnis, obwohl dies gerade fast ausschließlich innerhalb der häuslichen Wände stattfand. Was mir damals unklar blieb, war, in welchem Maße die Präsenz dieser Arbeiter_innen von den politischen Entscheidungen und von den verbreiteten Normen und Traditionen geprägt waren. Das möchte ich heute mit dieser Arbeit sichtbar machen.

1.2 Einschränkung des Forschungsgegenstades und Aufbau

Es ist zu vermuten, dass viele Faktoren zur Verbreitung der Lösung „Migrant*in* in der Familie" bzgl. der Pflege von älteren hilfsbedürftigen Menschen beigetragen haben. Um dies herauszufinden, soll die in der Einführung formulierte Erkenntnisfrage spezifiziert werden. Diese kann auf drei Kernfragen heruntergebrochen werden. Erstens: *Warum wird eine gesellschaftlich als weiblich gelesene Person eingestellt?* Zweitens: *Warum findet die Pflege/Care von älteren Menschen zu Hause statt?* Drittens: *Warum wird meistens eine (oft weibliche) Migrant*in angestellt? Wie aus diesen Fragen abgeleitet werden kann, sind drei Elemente für die Analyse dieses Care-Modells zentral: Geschlecht, Care und Migration. Es steht außer Zweifel, dass die politischen Entscheidungen rund um die (Um)Gestaltung des Wohlfahrtsstaats[7] sowie rund um Geschlecht und Migration eine wichtige Rolle bei der Verbreitung dieses Modells gespielt haben. Schließlich gehört es zu den Aufgaben des Sozialstaats, sich um das Leben der Menschen, nicht zuletzt der älteren, hilfsbedürftigen Personen, zu *kümmern*. Doch, wie Fiona Williams (2010; 2014), Helma Lutz (2008) u.a. behaupten, nur durch die Wechselwirkung von gesetzlichen Regulierungen und gefahrenen Politiken einerseits und Normen und Praxen andererseits kann eine solche Entwicklung – und ihre mögliche Abwandlung aufgrund der Krise – erklärt werden.[8] Aus diesem Grund eignet sich für die folgende Analyse besonders das Konzept des „Regimes", wie in Kapitel 2 erläutert wird. Die These ist, dass nur die Intersektion von Geschlechter-, Migrations- und Care-Regime die Einstellung von meistens *weiblichen* Migrant_innen innerhalb der häuslichen Wände für die Pflege älterer Menschen erklären kann.[9]

---

[7] Darüber siehe u.a. Williams (2012), Lutz (2007; 2008). Diese Verbindung zwischen Geschlecht, Care, Migration und Wohlfahrtsstaat wird auch in Kapitel 2 erläutert.

[8] Nach Fiona Williams (2012) Ansatz, kann das Thema der Care-Work auf die im Folgenden beschriebenen drei Analyseebenen heruntergebrochen werden: Mikro-, Meso- und Makroebene. Während auf der Mikroebene die alltäglichen und täglich variierenden Verhältnisse zwischen Care Workers und Arbeitgeber_innen in den Fokus rücken, ist der Blick auf der Mesoebene auf die institutionellen Faktoren, die solche Verhältnisse prägen, und auf der Makroebene auf die Prozesse gerichtet, die zu einer transnationalen politischen Ökonomie der Care beitragen. Die folgende Arbeit fokussiert sich auf die von Williams so dargestellte Mesoebene, wobei von der Interdependenz und vom Zusammenhang aller Ebenen ausgegangen wird. Zu den Institutionen werden „Staatsorgane, und deren Tätigkeiten, intermediäre Organisationen und die durch die Verfassung und Gesetze verbürgte politische Ordnung" (Dackweiler 2005:76) gezählt. Hierbei liegt der Fokus besonders auf den verabschiedeten Gesetzen und auf den ergriffenen (juristischen) Maßnahmen und Regeln, welche einen relevanten und deutlichen Beitrag zur Umwandlung des Care-Modells geleistet haben.

[9] Im Unterschied zu Williams (2010; 2014) sollen hier nicht Arbeits-, Migrations- und Care-Regime analysiert werden, sondern Care, Geschlechter- und Migrationsregime berücksichtigt werden. Die These ist, dass durch die Analyse der Intersektion von Arbeits-, Migrations- und Care-Regime die Geschlechterkomponente vernachlässigt wäre und somit unerklärt bleiben würde.

Thematisch ist folglich die Arbeit in drei Blöcke unterteilt. Im ersten Teil werden die analytischen Werkzeuge[10] eingeführt, die für die Beantwortung der Fragestellungen dienen werden. Deshalb wird tiefgehender in die Theorie über Geschlechterregime, Care-Regime und Migrationsregime eingegangen und die Methoden der Recherche dargestellt. Die Konzepte von Geschlechterregime, Care-Regime und Migrationsregime werden hier definiert und Indikatoren für diese Regime hergestellt (Kapitel 2). Die folgenden Kapitel (Kapitel 3,4 und 5) werden auf die zuvor dargestellten theoretischen und analytischen Werkzeuge aufgebaut. Dementsprechend wird der italienische Fall auf der Grundlage dieser drei thematischen Blöcke – *Geschlechterregime, Care-Regime* und *Migrationsregime* –präsentiert. Auch die Auswirkung auf das Care-Modell und die Tendenzen, die sich nach und nach aufgrund der ökonomischen Krise herausbilden, werden durch das Heranziehen von Geschlechter-, Care- und Migrationsregime auf der normativen und institutionellen Ebene analysiert. Es wird geprüft, inwiefern die Krise sich auf die davor dargestellte Geschlechter-, Care- und Migrationsregime ausgewirkt hat. Die Analyse beschränkt sich auf das Fallbeispiel von „Veneto" (Venetien). Diese Region wurde einerseits ausgewählt, weil – wie im Kapitel 7 tiefergehender erklärt wird – dort der Rückgriff auf häusliche Pflegekräfte für die Pflege älterer Menschen sehr verbreitet war und anderseits weil sie zu den Regionen zählt, die von der Wirtschaftskrise am stärksten betroffen wurden. Dort lassen sich darum vermutlich deutlicher als anderswo die ersten Folgen der ökonomischen Krise erkennen.

---

[10] In Anlehnung an Michel Foucault wird hier der Terminus „Werkzeuge" verwendet. Der Autor (1975:53) erklärte: „Alle meine Bücher, sei es 'Wahnsinn und Gesellschaft' oder dieses da, sind, wenn Sie so wollen, kleine Werkzeugkisten. Wenn die Leute sie aufmachen wollen und diesen oder jenen Satz, diese oder jene Idee oder Analyse als Schraubenzieher verwenden, um die Machtsysteme kurzzuschließen, zu demontieren oder zu sprengen, einschließlich vielleicht derjenigen Machtsysteme, aus denen diese meine Bücher hervorgegangen sind - nun gut, umso besser".

1.3 Forschungsstand und Relevanz des Themas

Obwohl die Literatur über das Thema „*badanti*"[11] (häusliche Pflegekräfte) in Italien im italienisch- und englischsprachigen Raum zahlreich ist, fokussieren sich die meisten Analysen hauptsächlich „nur" auf einen bestimmten Aspekt dieses Phänomens, wie z.B. auf die Geschlechterkomponente oder auf die Care-Regime.[12] Eine Analyse, die die Verbreitung der Einstellung von Pflegekräften für die häusliche Pflege älterer Menschen gleichzeitig in seinen Geschlechter-, Care- und Migrationskomponenten beleuchtet, ist jedoch nicht vorhanden. Das Ziel dieser Arbeit ist es, eine Lücke zu schließen und auf der Basis bestehender Literatur und neuester Erkenntnisse sowie Feldforschung eine fundierte Analyse zu liefern, die das Erscheinen des Phänomens der „*badanti*" („il fenomeno *badanti*"[13], von Da Roit (2007:254) „mass phenomenon" bzw. Massenerscheinung definiert) in

---

[11] Über die Bedeutung und Verwendung dieses Wort siehe nächstes Kapitel (1.4).

[12] Das Phänomen wird oft in Zusammenhang mit dem Abbau der Sozialleistungen (Krise des Wohlfahrtsstaats) infolge der finanziellen Krise (vgl. De Belvis et al. 2012) und als Resultat des Spiels von Angebot und Nachfrage behandelt. Dabei kommt jedoch die Komponente „Geschlecht" oft als genannter Faktor vor, welcher als sekundär betrachtet wird bzw. welcher nicht im Zentrum der Analyse steht (vgl. Da Roit et al. 2007, Simonazzi 2008, van Hooren 2008). Im Gegensatz dazu fokussieren einige Autor_innen (Chiaretti 2007, 2009) – im Anschluss an die Überlegungen von Ehrenreich/Hochschild (2002) – ihre Analysen auf die Geschlechter- und Migrationskomponenten dieses Phänomens. Dagegen bieten andere Autor_innen ein eher theoretisches Gerüst, das für die wissenschaftlich-feministische Interpretation der verschiedenen Care-Systeme Europas angewendet werden kann (u.a. vgl. Sainsbury 1999; 2006; Ostner/Lewis 1995; O'Connor 1993; Pascal/Lewis 2004; Williams 2010; 2012).

[13] Chiaretti greift den Titel „L'esercito delle badanti clandestine. Una su quattro nelle mani del racket" (die Armee der illegalen badanti. Jede dritte ist in den Händen des Rackets, Übers. d. Verf.in) der italienischen Tageszeitung „La Repubblica" wieder auf und nennt die Nachrichten im Fernsehen, in Tageszeitungen oder im Internet über diese Arbeiter_innen „Kriegsberichte" (Chiaretti 2009:1ff).

seiner ganzen Komplexität beleuchtet. Des Weiteren wurde bis heute kaum untersucht, welche Konsequenzen die ökonomische Krise auf das Massenphänomen der Einwanderung von Care Workers hatte. Mit der folgenden Analyse möchte ich daher auch diese Lücke schließen und auf die aktuellen ökonomischen und politischen Entwicklungen diesbezüglich einen Blick werfen.

1.4 Hinweis zur Sprache, Geschlecht und Subjektbenennung

An dieser Stelle soll angemerkt werden, dass in der folgenden Arbeit Kategorien wie *Frau* oder *Mann* vorkommen, die ein gesellschaftliches Konstrukt darstellen und die Pluralität der Geschlechter zu einer binären Fiktion zwingen. Die Verwendung von Wörtern, die sich auf diese Kategorien beziehen, kann angesichts der Queer-Theory als unangemessen erscheinen. Allerdings ist es, wie einige Forscher_innen (u.a. Schmidt 2012) zugeben, schwer, mit einem dekonstruktivistischen Ansatz und somit nicht nur mit einem queeren Subjekt, sondern auch ohne Kategorien wie *Frau*/*Mann* empirische Analyse von sozialen Verhältnissen und Sozialpolitiken mit dem Fokus auf Care zu liefern (vgl. Schmidt 2012), da diese Kategorien hierbei weiterhin maßgebliche empirische und soziologische Relevanz haben. Weder die kritische Betrachtung noch die Beleuchtung der Faktoren, die dazu führen, dass die hier untersuchte Form von Care-Arbeit immer noch meistens in *weiblichen* Händen bleibt, können ohne die Verwendung solcher Kategorien und die Benennung sowie Sichtbarmachung der betroffenen Subjekte erfolgen. Hinter Formulierungen wie „*Frauen*" o.a. steht jedoch kein essentialistischer Versuch, die Zweigeschlechtlichkeit zu affirmieren und zu naturalisieren. Um darauf hinzuweisen, werden sie kursiv dargestellt.[14]

---

[14] Interessanterweise räumt die im Kapitel 1.3 (Fußnote 11) genannte Literatur über das italienische Care-Modell kaum Platz für die Kritik an der Zweigeschlechtlichkeit ein und erweist sich aus diesem Gesichtspunkt oft unreflektiert. Das ist unglücklich, zumal der Kampf, um die Geschlechterrolle, -bilder und -arbeitsteilung und somit auch die Zuweisung von Care-

1.5 Begriffserläuterung und deren Verwendung

In folgender Arbeit kommen die Begriffe „Care-Work" und „Migrant_innen" bzw. „migrierte Care-Arbeiter_innen" vor, die hier kurz erläutert werden. Das Wort „Care" wird in der folgenden Arbeit verwendet, weil es sich – so die Meinung vieler Autor_innen, u.a. Ute Gerhard – als *„umfassender und zugleich treffender* [zeigt] *[..] weil dieser Begriff die verschiedenen fürsorglichen Tätigkeiten in ein Konzept integriert"* (Gerhard/Klinger 2013: 267). „Care-Work" lässt sich in der Praxis nicht auf physische, aufzählbare Tätigkeiten reduzieren (wie Bügeln oder Waschen), sondern umfasst auch immaterielle, nicht greifbare und sozio-kulturell geprägte Aktivitäten, Prozesse o.a. wie Aufmerksamkeit schenken. Zudem – wie Carol Thomas (1993:665) erklärt – Care *„is provided [...] in either the public or domestic spheres, and in a variety of institutional settings"*. Thomas' Definition von „Care[15] ist darum für die folgende Analyse besonders treffend, da sie die Kombination von privaten und öffentlichen Elementen und Subjekten sichtbar macht.[16] „Care" verweist nämlich einerseits auf Aufgaben, die oft innerhalb der häuslichen Wände stattfinden, und anderseits auf Tätigkeiten, die, wie Betreuung und Pflege von kranken oder hilfsbedürftigen Menschen, nicht zwangsläufig zu Hause stattfin-

---

Tätigkeiten an Menschen, die als *weiblich* gelesen werden, zu unterminieren, mit sich die Infragestellung der Bedeutung der Kategorien *Frau/Mann* impliziert.

[15] *„care is both the paid and the unpaid provision of support involving work activities and emotional empathy. It is provided mainly, but not exclusively, by women to both able-bodied and dependent adults and children in either the public or domestic spheres, and in a variety of institutional settings"* (Thomas 1993:665)

[16] In diesem soeben dargelegten Sinne verwenden auch einige Autor_innen – siehe u.a. Geissler/Pfau-Effinger (2005a) - den Begriff „social care", welche *„evokes our dependence on the concern of others and the fragility of the socially more highly valued, masculine connotation of autonomy, and at the same time shows the social construction of autonomy and dependency"* (Geissler/Pfau-Effinger 2005b:4). Geissler/Pfau-Effinger (2005b) verweisen hier auf die folgenden Autor_innen: Leira (1992); Finch/Mason (1993); Fraser/Gordon (1994) und Senghaas-Knobloch (1999).

den und teilweise eine Zusammenarbeit von öffentlichen und privaten Arbeitskräften vorsehen. Darum wird der Begriff der „Care-Work" dem von „Reproduktionsarbeit" im Folgenden vorgezogen,[17] auch weil der Zusammenhang zwischen Individuum, Arbeitsmarkt und Staat im Zentrum der folgenden Arbeit stehen. Schließlich, wie Barbara Ehrenreich und Arlie Russel Hochschild in der Einführung von „Global Women" – einer der wissenschaftlichen Meilensteine zum Thema von Care-Work – erklären, befinden wir uns heute vor der „globalization of traditional women services" (Ehrenreich/Hochschild 2002:5).[18] Die geschlechtsbezogene Arbeitsteilung zwischen „dem" (meistens *männlichen*) Verdiener(_in) und „der" (meistens *weiblichen*) Hausarbeiter(_)in (oder *caregiver*) findet – laut den Autor*innen* – heute auf einer globalen Ebene statt. In der aktuellen globalisierten Welt hängen globale und lokale Ebene eng miteinander zusammen. Das im Folgenden analysierte Fallbeispiel Italiens soll darum vor dem Hintergrund dieser beschriebenen globalisierten Arbeitsteilung interpretiert werden.

Mit Ausdrücken wie Migrant_innen/migrantische Care-Arbeiter_innen bzw. Pflegekräfte o.ä. sind vor allem die Menschen gemeint, die das Land verlassen haben, in dem sie geboren sind bzw. in dem sie ihr Leben führten, um woanders bezahlte Care-Tätigkeiten zu erledigen. In Italien gilt „*badante*" (Plural: *badanti*) als ein geläufi-

---

[17] Mit dem Begriff „Reproduktionsarbeit" wurde eher auf die häusliche Dimension und auf den unbezahlten Charakter dieser Arbeit aufmerksam gemacht. Mit diesem Terminus wollten einige Feminist_innen der 70er Jahren die Mechanismen der kapitalistischen Produktion entlarven und dabei zeigen, dass diese Arbeit die Grundlage der Reproduktion von Arbeitskräften und somit der gesamten kapitalistischen Warenproduktion darstellte (vgl. Federici 2012, Dalla Costa 1973; Mies 1988; et al.). Die Debatte über die in der 70ern Jahren als „Reproduktionsarbeit" bezeichnete Arbeit hat in den letzten Jahren eine sprachliche Veränderung erlebt, so dass sich heute in der Geschlechter- und *Frauen*forschung der Begriff „*Care-Work*" anstelle von „Reproduktionsarbeit" weitgehend etabliert hat. Inwiefern diese Veränderung eine sprachliche Verschiebung darstellt, bleibt eine strittige Frage. Diesbezüglich siehe Gerhard/Klinger (2013).

[18] Helma Lutz (2007) spricht nicht nur über Nord-Süd Beziehungen, sondern eher über westliche Industrieländer und die „reichen Haushalte der Ölstaaten und der „Dritten Welt"" (Lutz 2007:35) einerseits und ärmeren Ländern anderseits.

ger, vielverwendeter Ausdruck (vgl. van Hooren 2008:3), der etabliert ist, um ausschließlich diejenige unter diesen Arbeiter_innen zu bezeichnen, die für die häusliche Pflege und Betreuung von älteren Familienmitgliedern eingestellt werden (vgl. Da Roit 2007:253; Da Roit/Naldini 2010:537; van Hooren 2008:3). Das Wort stammt aus dem italienischen Verb „badare" („sich um jdn./ etw. kümmern/ auf etw. aufpassen/ achten, auf etw. Acht geben") (Reininger/Cicoira 2012). Aufgrund seiner negativen Konnotation (van Hooren 2008:3) plädieren viele Autor_innen für die Verwendung alternativer Ausdrücke wie „assistente familiare" (Familienpfleger_in) oder „collaboratrice familiare" (Haushaltshilfe) (vgl. Cosentino et al. 2014). Laut einer aktuellen Studie von Iref/Acli Colf/Acli Patronato (2014) wird das Wort „*badante*" von der Mehrheit der Arbeiter_innen selbst als passend empfunden. Dieses Spannungsverhältnis zwischen Akzeptanz und Ablehnung des Begriffes bzw. Aneignung des Wortes seitens der Betroffenen wird deutlich zum Ausdruck gebracht, wird aber in dieser Arbeit nicht vertieft. Um dieses Spannungsverhältnis sichtbar zu machen, wird der Ausdruck „*badante*" kursiv und mit „häuslicher Pflegekraft", „häuslichem_r Altenpflegearbeiter_in", "Care-Arbeiter_in", „häuslichem_r Helfer_in" und "Familienpfleger_in" synonym verwendet.[19]

---

[19] Das Abkürzungsverzeichnis findet man unter Anhang 1.

2. THEORETISCHE UND ANALYTISCHE WERKZEUGE

2.1 Theoretische Zugänge

2.1.1 Das Konzept von „Regime" aus Esping-Andersens Theorie

Die Verbreitung der Einstellung von Pflegekräften für die häusliche Pflege älterer Menschen umfassend zu rekonstruieren, bedeutet – wie bereits in der Einführung erwähnt – die Wechselbeziehung zwischen einerseits institutionellen Maßnahmen und anderseits vorhandenen Normen und Traditionen zu beleuchten. Diese Idee, dass ein Care-Modell nicht lediglich das Resultat von Sozialpolitiken ist, stammt aus der theoretisch und praktisch fundierten Analyse des Wohlfahrtsstaats[20] des Soziologen Gøsta Esping-Andersen. In *The Three Worlds of Welfare Capitalism* identifiziert er drei Modelle nationaler Sozial-

---

[20] In der folgenden Arbeit wird auf Autor_innen Bezug genommen, welche divergente Erklärungsmuster für Definitionen des Wohlfahrtsstaates liefern. Dies manifestiert sich u.a. durch das Vorhandensein von teilweise alternativen Begriffen zum Wohlfahrtsstaat wie „Sozialstaat", „Sozialpolitik", „soziale Sicherung" oder „welfare state" (Schmid 2010:42). Für die folgende Analyse erweist sich als besonders tauglich die folgende, aus einer feministischen Perspektive stammende, Definition von O'Connor/Orloff/Shaver (1999:12): „We prefer to define the 'welfare state' (or the 'state of social provision') as interventions by the state in civil society to alter social and market forces, but we do not judge a priori that all state social interventions are aimed at, or actually produce, greater equality among citizens". Das Spannungsverhältnis zwischen der Zielsetzung des Staates und ihrer praktischen Umsetzung wird dadurch deutlicher als bei anderen Autor_innen - z.B. Dackweiler, die von einem „gesellschaftspolitischer Konsens über die notwendige Solidarität mit sozial Schwächeren " schreibt (Dackweiler 2010:520).

politik bzw. drei Wohlfahrtsstaatsregime (*welfare state regimes*). [21]
Mit dem Konzept „Regime" zielt der Soziologe darauf ab, genau diese
Wechselbeziehung zwischen staatlicher und normativer Ebene bei der
Entstehung und der Erhaltung von Care-Systemen/Modellen hervor-
zuheben. Gerade deshalb erweist sich das Konzept von „Regime" –
welches unter den feministischen Studien eine große Verbreitung fand
– als passend für die Analyse des Care-Modells Italiens. In der
folgenden Analyse wird auf die folgende Definition von „Regime"
von Helma Lutz Bezug genommen: „*the organisation and the corre-
sponding cultural codes of social policy and social practice in which
the relationship between social actors (state, (labor)market and family) is articulated and negotiated*" (Lutz 2008:2). Die These, die hinter
der folgenden Analyse steht, ist, dass die Verbreitung von häuslichen
Pflegekräften für die Pflege älterer, hilfsbedürftiger Menschen einerseits staatlich gesteuert bzw. begünstigt und gleichzeitig normativ
immer wieder untermauert wird, während anderseits staatliche Regulierungen anwesende Normen zementieren.

---

[21] Der liberale Wohlfahrtsstaattypus ist dadurch charakterisiert, dass das
Ausmaß der Dekommodifizierung sehr gering ist – die sozialen Rechte stehen nicht im Zentrum dieses Wohlfahrtsstaatsregimes – die Familie und der
Markt spielen eine primäre Rolle. Zudem sind die Sozialleistungen nicht
universell gewährleistet und oft mit Stigmatisierung verbunden. Beispiele
dieses Modells sind USA, Kanada, Australien, Großbritannien. Diesem
Wohlfahrtsstaatsregime ist das Sozialdemokratische gegenübergestellt. Dieses Modell ist in den skandinavischen Staaten (Schweden, Norwegen, Finn-
land, Dänemark) umgesetzt. Schließlich ist der korporatistisch-konservative
Wohlfahrtsstaat durch seine hierarchische Struktur gekennzeichnet (Sozialpolitiken sind stark an Klasse, Beruf und Status gekoppelt). Ziel staatlicher
Interventionen ist daher nicht, bestehende Statusunterschiede zu minimieren
sondern eher aufrechtzuerhalten. Der Familie wird eine besondere Stelle – als
Leitbild – eingeräumt. Beispiele dieses Wohlfahrtsstaatsregimes sind Öster-
reich, Italien, Deutschland und Frankreich (vgl. Esping-Andersen 1990;
Kreimer 2009).

2.1.2 Geschlechterkonnotierte Familie, Staat und Markt

Esping-Andersens Theorie des Wohlfahrtsstaats erweist sich auch aus einem anderen Grund als nennenswert. Der Soziologe identifiziert unterschiedliche Wohlfahrtsstaatsregime, die sich erstens für in dem Maße an Dekommodifizierung[22], zweitens der Stratifizierung[23] und drittens im Verhältnis zwischen Staat, Familie und Markt[24] unterscheiden. Gerade weil die Einstellung einer Pflegekraft zu Hause das im Folgenden untersuchte System der Pflege von älteren, hilfsbedürftigen Menschen kennzeichnet, scheint Esping-Andersens Theorie besonders in Bezug auf das Dreieck Staat-Familie-Markt relevant. Die Theorie nimmt zwar drei Elemente in sich auf – Staat, Familie und Markt – von denen ausgegangen werden soll, dass sie eine wesentliche Rolle bei der Verbreitung des untersuchten Modells spielen. Dennoch hat Esping-Andersens Theorie zumindest eine Schwachstelle, da sie die Geschlechterkomponente vernachlässigt.[25] Die Geschlechts-

---

[22] „De-commodification occurs when a service is rendered as a matter of right, and when a person can maintain a livelihood without reliance on the market" (Esping-Andersen 1990:21f). In *Gendering welfare state* von Diane Sainsbury (1994) wird das Konzept zutreffend als „the quality of social rights" (Bussemaker/van Kersbergen 1994:12) zusammengefasst.

[23] „The welfare state is not just a mechanism that intervenes in, and possibly corrects, the structure of inequality; it is, in its own right, a system of stratification" (Esping-Andersen 1990:23). Anders gesagt, das Stratifizierungs-Kriterium soll begreifbar machen, inwiefern Sozialpolitiken auf die gesellschaftlichen *Achsen der Ungleichheit* (Klinger/Knapp/Sauer 2007) einwirken bzw. inwiefern soziale Ungleichheiten besonders aufgrund der Klasse oder des Berufstandes verringert werden.

[24] Laut Esping-Andersen (1990) soll nämlich jede (komparative) Analyse der Wohlfahrtsstaaten mitberücksichtigen, wie und inwiefern die staatlichen Handlungen mit der Rolle des Privatmarkts und der Familie als soziale Vorsorge ineinandergreifen und sich kompensieren.

[25] Esping-Andersen (1990:11ff) ging davon aus, dass die zentrale Frage für die Debatte über den Wohlfahrtsstaat ist, ob, inwieweit und unter welchen Bedingungen die Klassenteilung und soziale Ungleichheiten von der parlamentarischen Demokratie beseitigt werden können. Ideell sollen darum die Sozialpolitiken fast ausschließlich auf die Beseitigung solcher von der kapita-

und Familienblindheit der Theorie besteht zusammengefasst darin, Familie, Staat (bzw. staatliche Regulierungen/Politiken) und Markt als geschlechtsneutral behandelt zu haben. Sie liegt – wie einige feministische Wissenschaftler_innen (Sainsbury 1994; Lewis 1992; Ostner 1995; 1998; et. al.) zeigten – zum einen darin, die Familie nicht ins Zentrum der Analyse zu stellen (vgl. Ostner 1995;1998), sondern eher als sekundäres Element zu behandeln, dass ins Spiel kommt, wenn der Staat bzgl. seiner sozialen Aufgaben scheitert (vgl. Bussemaker/Kersbergen 1994).[26] Zum anderen betrachtete der Soziologe den Zugang zum Markt und das Spiel zwischen Nachfrage und Angebot als geschlechtsneutral, während diese geschlechterbedingt und -geprägt sind (vgl. Ostner 1995; 1998).[27] Schließlich, wie Fraser und Lewis zeigten, ließ die Theorie von Esping-Andersen außer Acht, dass die Politiken und Praktiken des Wohlfahrtsstaates nicht geschlechtsneutral sind, sondern selbst die sekundäre Rolle der *Frauen* und ihr Abhängigkeitsverhältnis vom *männlichen* Geldverdiener prägen und verfestigen (vgl. Lewis 1983; 1992; Fraser 1989). Anders gesagt, erklären diese feministischen Autor_innen, dass Esping-Andersen den Vergeschlechtlichungsprozess (*doing gender*) vernachlässigt hatte, der vom Wohlfahrtsstaat – nicht zuletzt durch die Förderung des traditionellen Familienleitbildes – verfolgt wird. Zusammenfassend lässt sich daher feststellen, dass erstens das Individuum in Esping-Andersens Theorie den *männlichen* Verdiener verkörpert.

---

listischen Markwirtschaft (re)produzierten sozialen Ungleichheiten (u.a. Klassenteilung) zielen. In dieser Analyse missachtet der Autor allerdings die Geschlechterungleichheiten. In seinen jüngsten Publikationen (2003a; 2003b) räumt Esping-Andersen ihnen, nicht zuletzt aufgrund der feministischen Kritiken an seiner Theorie, eine größere Bedeutung ein.

[26] Die Familie scheint entweder eine unklare Rolle bei dem korporatistisch-konservativen Wohlfahrtstaatstypus oder gar keine bei den liberalen und sozialdemokratischen Modellen zu spielen (vgl. Bussemaker/Kersbergen 1994).

[27] Wie u.a. Ilona Ostner zeigte, misst das von Esping-Anderson eingeführte Dekommodifizierungskriterium, inwiefern ein Ausstieg aus dem Arbeitsmarkt „möglich" ist (bzw. inwieweit die Gewährleistung von Sozialleistungen davon abhängt), d.h. dieses Kriterium setzt den Eintritt in den Arbeitsmarkt – also die Kommodifizierung – voraus. Doch ist erwiesenermaßen nicht nur der Zugang zur Arbeitswelt geschlechtsbedingt (vgl. Ostner 1995;1998).

Zweitens ließ seine Theorie außer Acht, dass die Sozialpolitiken eine hierarchische Geschlechterordnung institutionalisieren, welche der Reproduktion der Individuen und somit der Gesellschaft durch unbezahlte Arbeit zugrunde liegt (vgl. Dackweiler/Schäfer 2010:7ff).

Esping-Andersens Theorie erweist sich zum Zweck der folgenden Analyse von daher nicht nur für das Konzept von Regime sondern auch hinsichtlich einer der Kernideen seines theoretischen Gerüsts – das Dreieck Familie-Staat-Markt – als beachtenswert. Allerdings, in Anlehnung an einige feministische Autor_innen[28] und wie im Folgenden dargelegt, ist dieses unabdingbar in Zusammenhang mit den Geschlechterverhältnissen zu setzen.

2.1.3 Geschlechter-, Care- und Migrationsregime

Ausgehend von den erbrachten Kritiken führten einige feministische Autor_innen wie u.a. Sainsbury (1999); Lewis (1992); Ostner/Lewis (1995); Orloff (1993); O'Connor (1993) den Begriff *„gender regime"* (Geschlechterregime)[29] ein. Sie wendeten dieses Konzepts in Abgrenzung zur Wohlfahrtsstaatstypologisierung von Esping-Anderson an, um die Geschlechterverhältnisse ins Zentrum der Wohlfahrtsstaatsforschung zu rücken.[30] Während am Anfang das

---

[28] Für einen Überblick siehe u.a. Kreimer (2009), Sainsbury (1994) et al.

[29] Im folgenden Text werden – mit Ausnahme von Zitaten – die Ausdrucke *gender regime* (direkt aus dem Englischen, darum kursiv und kleingeschrieben) und Geschlechterregime synonym verwendet.

[30] Zunächst diente dieses Konzept dazu, in der komparativen Wohlfahrtsstaatsforschung stärker diejenige Sozialpolitiken einzubeziehen, die durch die Einführung von staatlichen Betreuungsangeboten oder durch die Förderung der *männlichen* Übernahme von Care-Work auf die Minimierung der geschlechtsspezifischen Arbeitsteilung und auf die Zunahme der Erwerbstätigkeit von *Frauen* zielten. Die Wohlfahrtsstaaten wurden deshalb in starke, moderate und schwache Ernährermodelle typisiert. Dabei wurde sichtbar gemacht, inwieweit die jeweiligen staatlichen Sozialpolitiken auf die meistens von *Frauen* geleistete, unbezahlte (Fürsorge)Arbeit basiert (vgl. Lewis

Konzept dafür verwendet wurde, um in der komparativen Wohlfahrts-staatsforschung stärker diejenigen Sozialpolitiken einzubeziehen, die auf die Minimierung der geschlechtsspezifischen Arbeitsteilung bzw. auf die Zunahme der Erwerbstätigkeit von *Frauen* zielten, unterlagen dem Konzept „Geschlechterregime" in den letzten Jahren nach und nach[31] weitere Erweiterungen. Heute wird darunter meistens (vgl. Schmidt 2012; Williams 2008; 2010 et. al) das verstanden, was Lutz als „einen Komplex von Regeln und Normen, der in der Geschlech-terordnung der jeweiligen Gesellschaft verankert und institutionell abgesichert wird" (Lutz 2007:37), deutet. Dieser Begriff, der nicht weiterhin ausschließlich in der komparativen Wohlfahrtsstaatsfor-schung verwendet wird, zielt somit darauf, nicht lediglich die Dimen-sion der Institutionalisierung von Geschlechterverhältnissen durch Regeln und Gesetze (*gender policy regime*)[32] aufzudecken, sondern auch den Einfluss sozio-kultureller Praxis und Normen sowie von Politiken, Institutionen und Organisationen auf die Geschlechterver-hältnisse bzw. auf das jeweilige *gender arrangement* (oder *ge-schlechtsspezifisches Arrangement*) zwischen Staat, Markt und Fami-lie-*Frauen* offenzulegen (vgl. Dackweiler 2010; Schmidt 2012).[33] Die

---

(1992); Ostner/Lewis (1995)). Später, um u.a. die Konstruktion und Auf-rechterhaltung geschlechtsspezifischer Rollen und Arbeitsteilung – bzgl. der Erwerbsarbeit und der Care-Work – durch Sozialpolitiken sichtbarer zu ma-chen, plädierte Orloff (1993) für die Inklusion der Geschlechterkomponente bei der Wohlfahrtsstaatsanalyse – und somit für die Erweiterung des Kon-zepts von Geschlechterregime – in Bezug auf zwei Dimensionen. Die Erste war der Zugang zu bezahlter Arbeit (*access to paid work*) – Unabhängigkeit von einer Versorgerehe. Die Zweite bezog sich auf die Möglichkeit, einen autonomen Haushalt zu führen (*capacity to mantain an autonomous household*) – Unabhängigkeit von Erwerbsarbeitszwang, um soziale Siche-rung zu haben (Dackweiler 2010; Kreimer 2009).

[31] Siehe Fußnote 29.

[32] Eine solche Institutionalisierung findet z.B. durch die Förderung einer Geschlechterarbeitsteilung statt, die den *Frauen* Fürsorgetätigkeiten zuweist. Tanja Schmidt (2012) unterscheidet zwischen Geschlechterregime und *gen-der policy regime*: „Während Genderregime auch die soziale Praxis ein-schließen, bezieht sich das Konzept des Gender Policy Regime nur auf die Ebene politischer Regulierung"(Schmidt 2012:91).

[33] Michel Foucault (1983) – auch wenn er eine ganz andere Herangehens-weise zur Analyse der Macht vorschlägt, als diejenige, die in dieser Arbeit

Analyse von Geschlechterregimen soll die Wechselbeziehung zwischen der normativen und der institutionellen Ebene entlarven und offenbaren.[34] Diese zwei Dimensionen können voneinander abweichen.[35] Das analytische Konzept „Geschlechterregime" erweist sich als zentrales Instrument für die Analyse der Verbreitung von häuslichen Pflegekräften für die Pflege älterer, hilfsbedürftiger Menschen in Italien, denn ohne die Analyse der Geschlechterkomponente lässt sich nicht erklären, wieso eine neue Nachfrage an Care-Arbeiter_innen zustande kam und warum diese Arbeit weiterhin in *weiblichen* Händen bleibt.

Um jedoch die Frage „warum findet diese Care-Work in der Familie statt?" zu beantworten, reicht die Analyse des Geschlechterregimes nicht aus. Wie u.a. Lutz andeutet, ist es nicht möglich, eine klare Trennlinie zwischen Geschlechter- und Care-Regime zu ziehen.[36] Nach u.a. Pascal/Lewis (2004) lässt sich zum Beispiel das Geschlechterregime anhand der drei Indikatoren „Erwerbsarbeit" (*work*), „Sorgearbeit" (*care*) und „Teilhabe" (*voice*) operationalisieren. D.h. „Care" ist als Teil/Indikator des Geschlechterregimes angesehen. Die getrennte Berücksichtigung dieser zwei Regime hebt jedoch am deutlichsten hervor, warum einige *Frauen* diese Care-Arbeit abgeben, warum andere sie übernehmen und warum diese Arbeit innerhalb der häuslichen Wände bleibt. Zudem, wie im Einführungskapitel erklärt,

---

verwendet wird – bietet eine hervorragende Beschreibung des Prozesses von „doing gender" besonders in Bezug auf die Bio-Macht und auf die Kontrollmechanismen des Körpers und durch Disziplinierung(szwang).

[34] Wie Tanja Schmidt erklärt, bettet das Konzept „*gender regime*" somit eine Dimension – die der sozialen Normen und Praxis – ein, die schwer zu messen ist (Schmidt 2012).

[35] Wie McRae (2006) erklärt, „A gender regime is constructed and supported by a wise range of policy issues and influenced by various structures and agents, each of whom is in turn influenced by its own historical context and path" (McRae 2006:524f). Die Wechselbeziehung dieser zwei Dimensionen bedeutet jedoch nicht, dass sie miteinander in Einklang stehen (müssen). Wie Tanja Schmidt (2012) erklärt: „Die soziale Praxis von Geschlechterbeziehungen kann z.B. egalitärer ausgeprägt sein als die politischen Regulierungen oder auch umgekehrt" (Schmidt 2012:91).

[36] „Care as a central element of welfare state regulation is part and parcel of the organization of gender arrangements (Pfau-Effinger 2000), or regimes (Anttonen und Sipilä 1996; Daly 2002; Gerhard et. al. 2003)" (Lutz 2008:5).

lässt sich Care als Arbeit definieren, die zum Teil von einzelnen Individuen (und vor allem von *Frauen*) und zum Teil von öffentlichen Institutionen übernommen wird. Care – hier auch als *social care* zu verstehen – ist als ein zentrales Element des Wohlfahrtsstaates und eine seiner Hauptaufgaben zu verstehen (vgl. Geissler/Pfau-Effingen 2005). Eine weitere Aufgabe der Care ist, sich als Teil der Gestaltung des Geschlechterregimes (Lutz 2008) zu verstehen. Das Care-Regime spiegelt wider, was Pfau-Effingen als *care arrangement* definiert: *„interrelation between the cultural values about care, the relevant sense-construction in a given society surrounding informal and formal care and the way institutions like the welfare state, the family, the labour market and the non-profit sector as well as social structures frame informal and formal care"* (Pfau-Effinger 2005:22). Die folgende Analyse dieser Regime greift somit das Dreiergespann Staat, Familie, Markt von Esping-Andersen (1990) auf und konzentriert sich dabei – der erläuterten feministischen Kritik an Esping-Andersens Auffassung entsprechend – besonders auf die Funktion der Familie.

Wie Lutz (2008) zeigt, lässt sich die Verbreitung eines Care-Modells jedoch nicht schlicht durch die Politiken und Normen in Bezug auf Care also durch die Erforschung des Care-Regimes erklären. Wie in der Einführung erwähnt, im Folgenden erläutert und von Ester Salis (2013) und Lutz (2008)[37] gezeigt wird, können nur durch die Analyse eines weiteren Regimes – des Migrationsregimes – die Anwesenheit und Relevanz von meistens *weiblichen* Migrant_innen in diesem Care-Modell dargelegt werden.[38] Helma Luzt (2008:1) behauptet, Theoretiker_innen der Migrationsforschung betrachten die zunehmende Beschäftigung von Migrant_innen als Care-Workers als Resultat von Marktbeziehung: Ein Phänomen, dass sich aufgrund der Unausgewogenheit von Angebot und Nachfrage ergibt. Jedoch stellt

---

[37] „Notwithstanding the fact that the majority of the literature dealing with the juncture between care and gender regimes is very sophisticated, many authors are blind to the third regime that plays a significant role here, the migrant regime" (Lutz 2008:5).

[38] Die Trennlinie zwischen diesen drei Regimen stellt ein wissenschaftliches Konstrukt bzw. Interpretation dar. Die Regime sind zwar alle miteinander eng verknüpft: Die Diskurse und Politiken über Migration sind weder geschlechtsneutral noch sehen sie von Care-Politiken und Diskursen/Normen ab. Das Gleiche gilt auch für die Geschlechter- und Care-Regime.

Care-Work – und hier besonders diejenige, die innerhalb der vier Wände stattfindet – nicht einfach einen weiteren Arbeitsmarkt (Lutz 2008:1) dar, sondern – wie bereits erklärt – vielmehr eine stark vergeschlechtlichte und *racialized* Tätigkeit. Um diese *racialized* und globale Komponente zu verstehen, soll das Migrationsregime eines Staates berücksichtigt werden. Die Zunahme von migrierten Hausangestellten kann – wie Williams (2012:366) erklärt – nur durch die Beleuchtung des Verhältnisses Staat-Familie-Markt erklärt werden, wobei der Staat auch als Staat-Nation, also als Nationalstaat und Bevölkerung, zu verstehen ist. Die Analyse der Veränderungen der Binnen- und Außengrenzen bzw. der Dynamiken zwischen der internationalen Außengeopolitik (in dessen Rahmen der Sozialstaat existiert) und dem inneren Prozess von Exklusion und Inklusion sind – so Williams (2012:366) – dabei zentral. Durch die Betrachtung des Migrationsregimes soll vor allem – wie von Lutz (2008) erläutert – offenbarer werden, ob die Anstellung von Migrant_innen als häusliche Care-Arbeiter_innen – und die damit verbundene Feminisierung der Migration – staatlich und diskursiv begünstigt oder verhindert werden.

2.2 Analytische Werkzeuge und Untersuchungsdimensionen

Die analytischen Werkzeuge, die für die Analyse und Beleuchtung des Care-Systems in Bezug auf die Pflege älterer, hilfsbedürftiger Menschen in Italien dienen, lassen sich wie folgt zusammenfassen. Erstens gilt als wichtiges „Werkzeug" das von Esping-Andersen eingeführtes Konzept von „Regime". Diesem Konzept entsprechend wird die Analyse auf zwei Ebenen – der der institutionellen Regulierungen/Politiken und der der Normen – strukturiert und geführt. Zweitens wird das Konzept von Regime angesichts des zu betrachtenden Forschungsobjekts und angesichts der feministischen Ansätze von u.a. Lutz (2007; 2008), Ostner/Lewis (1995), Orloff (1993), O'Connor (1993), Sainsbury (1999), Williams (2012) in drei Aspekten skizziert. Zum Teil in Abgrenzung zur Mehrheit dieser Autor_innen und in Anlehnung zu Lutz (2007; 2008) werden die folgenden drei Regime – Geschlechter-, Care- und Migrationsregime – berücksichtigt und erläutert. Die These ist – wie in der Einführung erklärt – dass nur durch die Berücksichtigung dieser drei Regime die Verbreitung der Einstellung von Migrant*innen* als häusliche Altenpfleger_innen erklärt werden kann. Drittens dient das von Esping-Andersens dargestellte Dreierverhältnis zwischen Staat, Familie und Markt als analytisches Werkzeug. Hierbei wird die Geschlechterkonnotation berücksichtigt. Ostner, Fraser und Lewis Kritiken entsprechend wird im Folgenden die Familie ins Zentrum der Analyse gerückt und die Aufmerksamkeit auf die Geschlechterauswirkungen von staatlichen Regulierungen und Politiken gerichtet.

Die drei Regime sollen zudem anhand von zwei zentralen Indikatoren analysiert werden, welche ausschließlich die drei Forschungsfragen:

„Warum wird eine gesellschaftlich als *weiblich* gelesene Person eingestellt?",

„Warum findet die Pflege/Care von älteren Menschen zu Hause statt?" und

„Warum wird meistens eine (oft *weibliche*) Migrant*in* angestellt?" beantworten sollen.

Es wird ein Indikator für die jeweils institutionelle und die normative Ebene jedes Regimes gebildet. Hinsichtlich der Geschlechterregime beruhen die Indikatoren einerseits auf den bereits genannten Überlegungen von Lewis (1992) und Fraser (1989) über die unvermeidliche Geschlechterkonnotation und -konsequenzen der politischen Entscheidungen in Bezug auf den Sozialstaat. Anderseits wird – den Theorien von Lewis (1992), Ostner (1995; 1998), Ostner/Lewis (1995) und Williams (2008) folgend – die geschlechtsspezifische Arbeitsteilung bzw. die Erwerbsarbeit dadurch in der Analyse einbezogen.

Die somit gebildeten Indikatoren des Geschlechterregimes können auf die zwei folgenden Kernfragen heruntergebrochen werden[39]:

- Welche Gesetze/institutionellen Maßnahme wurden für den Abbau der geschlechtsspezifischen Arbeitsteilung ergriffen?
(Indikator: An/Abwesenheit von Gesetzen/Maßnahmen zum Abbau der geschlechtsspezifischen Arbeitsteilung bzw. gender policy in Bezug auf Pflege/Betreuung älterer Familienangehörigen);

- Welche geschlechtsspezifischen Diskurse und Normen über Care-Work – in Bezug auf ältere Menschen – herrschen in Italien?
(Indikator: geschlechtsspezifische Arbeitsteilung – besonders in Bezug auf Care-Work Zuständigkeit – betreffende Diskurse/Normen/Praxen bzw. Diskurse hinter dem *geschlechtsspezifischen Arrangement*).

Die Indikatoren für das Care-Regime sollen die Gründe für die häusliche Konnotation der Pflege älterer hilfsbedürftigen Menschen darlegen und wurden teilweise aus Williams Operationalisierung (Williams 2012)[40] wie folgt übernommen:

---

[39] Die Breite und Komplexität des Geschlechterregimes werden somit teilweise reduziert, da sonst die Berücksichtigung aller Aspekte des Geschlechterregimes den Rahmen dieser Arbeit sprengen würde. Für eine größere Bandbreite an Indikatoren siehe Williams (2012).

[40] Williams bezeichnet als weiterer Indikator für das Care-Regime die Präsenz von Bewegungen, Organisationen, NGOs oder Gewerkschaften, die sich mit dem Thema „Care" beschäftigen (Williams 2012). Die Analyse dieses weiteren Elements würde jedoch den Rahmen dieser Arbeit sprengen.

- Welche Sozialleistungen werden vom Wohlfahrtsstaat garantiert? (Indikator: Die Art und Form – Direktzahlung, Pflegezuschuss, Begünstigungen, Steuergutschrift – der staatlichen finanziellen Unterstützung und ihre Bedingungen für die Erledigung von Care-Tätigkeiten bzw. die staatliche Förderung eines privaten Markts o.a.)

- Wer (staatliche Institutionen, private Strukturen, Familie) „soll" die Care bzw. Pflege/Betreuung von älteren Familienangehörigen übernehmen? (Indikator: Die auf nationaler Ebene dominanten Diskurse über Care).

Schließlich fokussiert die Analyse des Migrationsregimes – welche die Präsenz von Migrant_innen als häusliche Pflegekräfte erklären soll – auf folgende, teilweise[41] von Williams (2012) übernommene, Indikatoren:

- Inwiefern wurde die Anwesenheit dieser Migrant_innen staatlich begünstigt? (Indikator: Zuwanderungsgesetze wie Quote und Sonderregelungen);

- Welche gesellschaftlichen Diskurse herrschen über die *"badanti"*? (Indikator: (Re)Produktion gesellschaftlicher Diskurse, welche einer mehr oder weniger anwesenden Migrant_innenfeindlichkeit zugrunde liegen).

2.3 Methodisches Vorgehen

Die Forschung sieht einerseits die Auswertung vorhandener wissenschaftlicher Literatur und anderseits die qualitative Feldforschung vor. Im ersten Teil geht es darum, die Entstehung des vorhandenen

---

[41] Ein Indikator, dem im Rahmen dieser Analyse im Gegensatz zu Williams (2012) wenig Platz eingeräumt wird, ist die An- oder Abwesenheit von NGOs, Bewegungen, Vereinen usw., die sich für die Rechte von Migrant_innen einsetzen (Williams 2012).

Care-Modells zu beleuchten und anhand bestehender Literatur und weiterer gelisteter Quellen aktuell zu beleuchten sowie zum Schluss einige Hypothese über die mögliche Auswirkungen der ökonomischen Krise auf das beschriebene Care-Modell herauszustellen. Von daher wird hierbei auf bereits veröffentlichte, wissenschaftliche Studien zum Thema großes Gewicht gelegt. Mit Hilfe der soeben dargestellten theoretischen Werkzeuge werden diese neu geordnet und ausgelegt. Das umfasst den ersten Teil dieser Arbeit. Im zweiten Teil – in dem die Auswirkungen der ökonomischen Krise auf das zuvor dargestellte Care-Modell untersucht werden – wird das Thema stärker empirisch untermauert. Hierbei wird das Fallbeispiel der Region Veneto hinsichtlich seiner Geschlechter-, Care und Migrationsregime betrachtet. Es werden jedoch nur die Regulierungen und Maßnahmen der Bereiche analysiert, bei denen Länder das Selbstbestimmungsrecht in ihren Kompetenzbereichen haben. Aufgrund des bereits genannten Mangels an Studien über die Auswirkungen der Krise auf das „Migrantin in der Familie"-Care-Modell ist ein empirisches Vorgehen nicht nur sinnvoll, sondern auch notwendig. Die aus den Theorien resultierende, in diesem Fall sinnvolle Methodik sind die in der Feldforschung anerkannten informellen Gespräche, sowie in Ergänzung hierzu die Expert_inneninterviews. Die Feldforschung[42] besteht zum Teil aus informellen Gesprächen mit lokalen Anlaufstellen für Pflegekräfte (wie Acli Colf)[43] und für ihre Arbeitsgeber_innen (meistens Familien) (wie „Sportello Colf/Badanti" von den Gewerkschaftsbundenissen CISL und CGIL)[44], sowie mit den Sozialarbeiter_innen von lokalen Gemeinden (San Fior und Conegliano in der Provinz Treviso), die zuständig für die Abteilung für ältere Menschen des Sozialamtes

---

[42] Die Feldforschung wurde im Sommer 2014 geführt.

[43] Die Acli sind ein 1944 gegründeter christlicher Verein für italienische Arbeiter_innen (Acli 2014a). Als Teil von Acli wurde 1945 „Acli Colf" als „professioneller Verein von Acli, der die häuslichen Arbeiter_innen organisiert", (Acli 2014b) gegründet. Somit zählt Acli Colf zu den ersten Vereinen von häuslichen Arbeiter_innen. Raffaela Sarti (2013:30) erklärt, Acli Colf wurde mit der Absicht gegründet, den Anschluss dieser Arbeiter_innen an die kommunistische Partei zu vermeiden und sie in Missionar_innen mit christlichen Werten gegenüber den bürgerlichen Familien umzuwandeln.

[44] Zusammen mit UIL, sind CISL und CGIL (für die Zahl an Mitgliedern und für ihren politischen Einfluss) die wichtigsten Gewerkschaften Italiens.

(*Servizio Politiche Sociali, assistente area anziani*) sind. Ein weiterer Bestandteil der empirischen Forschung in dieser Arbeit wird ergänzt durch zwei Expert_inneninterviews. Die zwei Expert_innen sind Silvia Gottardo von Acli Colf und Giuseppe Pat von „Sportello Colf/Badanti" CGIL CAAF Nordest. Beide Gespräche sind entlang eines vorab getesteten und überarbeiteten Leitfadens geführt. Die interviewten Expert_innen gelten als Repräsentant_innen ihrer Gruppe (AcliColf und CGIL CAAF Nordest). Sie wurden als Expert_innen identifiziert und ausgewählt, da sie dank ihrer Position einen Überblick über die Entwicklungen auf dem Arbeitsmarkt bzgl. der Care-Work im Veneto (hierbei besonders in Bezug auf die häusliche Pflegekräfte für ältere Menschen) in den letzten Jahren besitzen. Kurz zur Motivation der Auswahl der Expert_innen: Acli Colf gilt als wichtigster Verein und Anlaufstelle für häusliche Arbeiter_innen und Care Arbeiter_innen im Veneto sowie auf nationaler Ebene. Silvia Gottardo wurde ausgewählt, weil sie nicht nur in den unterschiedlichen Acli-Colf-Stellen der Provinz von Treviso arbeitet sowie ihre Leitung inne hat, sondern auch weil sie im Nationalvorstand und im nationalen Lenkungsausschuß von Acli Colf sitzt. Giuseppe Pat ist der Koordinator der „Sportello Colf /Badanti" (Büro Haushilfe/häusliche Pflegekräfte) der CAAF CGIL Nord-Est, die Steuerassistenzstelle des Gewerkschaftsbunds CGIL (der größte Gewerkschaftsbund nach ihrer Mitgliederzahl). Pat koordiniert und ist für alle Steuerassistenzstellen in den drei nord-östlichen Regionen Italiens (Veneto, Friuli Venezia Giulia und Trentino Alto Adige) zuständig. Diese zählen – zusammen mit denjenigen von CISL (eines der drei größten Gewerkschaftsbündnisse Italiens) – zu den wichtigsten Anlaufstellen, an die sich Familien wenden können, um einen Vertrag mit einem_r Care-Arbeiter_in abzuschließen, zu modifizieren oder zu beenden. Die Interviews stützten sich, wie bereits erwähnt, auf einen Leitfaden und folgen dem methodischen Ansatz von Meuser und Nagel (1991). Es handelt sich um Expert_inneninterviews, deren Ziel darin liegt, das Wissen der ausgewählten Expert_innen über die Auswirkungen und Tendenzen zu gewinnen, die von der Krise in Gang gesetzt wurden. Die Auswahl dieser Methode fand aufgrund der höheren Vergleichbarkeit der Interviews statt, welche durch den Einsatz eines offenen, flexibel einsetzbaren Leitfadens erreicht wird. Der offene Leitfaden erlaubt zudem, möglichst viel Wissen der Expert_innen für die Untersuchung fruchtbar zu machen und ermöglicht den Expert_innen, über die Relevanz bestimmter Thematiken und ihre Reihenfolge zu entscheiden. Schließlich wird auch dadurch deutlich, ob die Expert_innen in allen befragten Bereichen wirklich als solche gelten (vgl. Flick 2002:144f). Die Interviews wurden auf Italienisch geführt, aufgenommen und transkribiert. Die somit erworbenen Kenntnisse werden dann dargestellt, ausgewertet und interpretiert. Die Auswertung des Interviewmaterials fand in zwei Schritten statt. Zuerst wurden die transkribierten Interviews satz- bzw. abschnittsweise kodiert (hierbei wurde der Ansatz von Strauss et al. wie in Flick 2004 angewandt). Dabei wurden die Kategorien aus dem Text entwickelt. In der Folge wurden an das kodierte Material die theoretischen Kategorien, die die ganze folgende Analyse strukturieren (Geschlechter-, Care- und Migrationsregime), herangetragen. Ziel der Auswertung war, zuvor formulierte Hypothesen zu überprüfen und gleichzeitig die Offenheit gegenüber neuen Erkenntnissen zu bewahren.

Die folgende Arbeit ist mit den in der Übersetzung liegenden Hürden konfrontiert. Die Quellen sind englisch-, deutsch-, einige italienischsprachig, zudem wurden die Interviews kontextbedingt auf Italienisch – meine Muttersprache und die Muttersprache der Interviewten – geführt. Der Sprachwechsel und die Übersetzung können teilweise zu unvermeidlichen Bedeutungsverschiebungen führen.[45]

---

[45] Über die unsichtbaren Übersetzer_innen in der feministischen Migrationsforschung siehe Palenga-Möllenbeck (2009) und Tuider (2009). Die Autor_innen thematisieren die Schwierigkeiten der mehrsprachigen Analyse und der Übersetzung (hierbei besonders die Gefahr der Wortlosigkeit) und entwickeln Methoden, um diese zu überwinden und gleichzeitig die Übersetzungsarbeit transparenter zu gestalten. Dementsprechend wird in der folgenden Arbeit – und besonders in Bezug auf die Aussagen von Politikern sowie im Hinblick auf die Interviews – angestrebt, die Übersetzungsarbeit sichtbar zu machen.

3. GESCHLECHTERREGIME IN ITALIEN

„ He [my brother] helps me, but I'm the one that solves my father's problems on a daily basis… maybe because a woman is more inclined to do these sorts of things "
(Interview mit *caregivers* bzw. Tochter eines hilfsbedürftigen Vaters, die eine häusliche Pflegekraft einstellte. In: Degiuli 2010: 763).

"I couldn't take it any longer…I never asked anything of anybody, but at a certain point I understood that I couldn't do it any longer. I couldn't sleep more than three or four hours per night"
(Interview mit Ehe*frau* eines an Alzheimer erkrankten Mannes, die eine häusliche Pflegekraft einstellte. In: Degiuli 2010:770).

3.1 Geschlechtsspezifische Diskurse, Praxen und Normen über Care-Work

3.1.1 Die patriarchalische „kulturelle" Tradition

In Italien herrscht, wie Chiara Saraceno und Manuela Naldini (2001) zeigen, eine patriarchalische „kulturelle" Tradition (vgl. Saraceno/Naldini 2001:198), nach welcher historisch das Erwachsenwerden der *Frauen* mit der Hochzeit und somit mit dem Ehe*frau*-Werden zusammenfiel – im Gegenteil zu ihren Partnern, für die das Erwachsenwerden mit dem Eintritt in die Erwerbstätigkeit zusammenfiel (vgl. Saraceno/Naldini 2001:130). Die darauffolgende geschlechtsspezifische Arbeitsteilung (und die entsprechende

Versorgerehe bzw. Einverdienermodell[46]), die u.a. innerhalb der Familienstruktur durch die Erziehung weitergegeben wurde (vgl. Saraceno/Naldini 2001:127f), setzte die Care-Work als eine *Frauen*-zuständigkeit voraus (vgl. Saraceno 2008:246). Wie Saraceno (2008:246) erklärt, der „Anspruch auf Betreuung und Pflege war implizit gleichbedeutend mit dem Anspruch auf Betreuung durch ein weibliches Familienmitglied". Die geschlechtsspezifische Arbeitsteilung und die Geschlechtersegregation am Arbeitsmarkt verschärften sich somit bis zu den 70er Jahren gegenseitig (vgl. Dressel/Wagner 2010).

Der ab diesem Zeitpunkt zunehmende *weibliche* Eintritt in den Arbeitsmarkt – zusammengehend mit der Tatsache, dass die jüngeren *Frauen* eine höhere akademische Bildung und einen niedrigeren ökonomischen Abhängigkeitsgrad als ihre Mütter herausbildeten – führte zum langsamen Untergang des Einverdienermodells bzw. zur Schwächung der Figur des *männlichen* Alleinverdieners (vgl. Chiaretti 2009:9; Näre 2013:606) bis zur heutigen statistisch nachvollziehbaren Zunahme der *weiblichen* breadwinner (vgl. ISTAT 2014). Dies ließ jedoch die – historisch und traditionell (vgl. Federici 2012) geprägte – unausgewogene geschlechtsspezifische Verteilung für die Care-Arbeit (und noch viel stärker in Bezug auf die Pflege von älteren Familienmitgliedern)[47] weitgehend unberührt (vgl. Manna 2013; INPS 2013,

---

[46] Dieses Modell konnte sich jedoch wegen des wirtschaftlichen Wohlstands zwischen den 50er und 70er Jahren durchsetzen. Die *weibliche* Erwerbstätigkeitsquote sank – u.a. aufgrund der Politiken der faschistischen Regime – zwischen den 30er und Mitte der 60er Jahre (vgl. Saraceno 1998:52ff).

[47] Der einzige Bereich, wie Saraceno (1998:58) erklärt, in dem es im Zusammenhang mit dem sich reduzierenden geschlechterunterschiedlichen Erwerbstätigkeitsgrad zumindest seit den 80er Jahren eine (leicht) geschlechterausgeglichenere Beteiligung gibt, ist – ganz im Gegenteil zu der Pflege älterer Familienmitglieder (vgl. Sarceno/Naldini 2013:219f; 278ff) – die Kinderbetreuung. Als Grundlage für Saracenos Analyse dienten drei Berichte über die Familie von ISTAT („Strutture e i comportamenti familiari" und „Indagine multiscopo sulle famiglie 1987-1991", hierbei insbesondere „L'uso del tempo"), die zwischen 1983 und 1993 geführt wurden (Saraceno 1998:58f). Die vom gleichen Institut im Jahr 2012 durchgeführten Statistiken/Berichte („Uso del tempo e ruoli di genere. Tra lavoro e famiglia nel ciclo di vita") zeigen ein ähnliches Bild (ISTAT 2012). Obwohl die Kinderbetreuung und Erziehung zwischen den Elternteilen zunehmend ausgegli-

ISTAT 2012; Saraceno 1998:52ff; Saraceno 2001; Saraceno 2008:246f). Während zwar die Arbeitsmarktbeteiligung für *Männer* gesellschaftlich die Defamiliarisierung bedeutet(e) – weil sie meistens die Care-Work an ihre Partner*innen* abgeben konnten und können – blieb und bleibt diese für viele *Frauen* trotz ihrer Erwerbstätigkeit unvollständig (vgl. Saraceno 2008:246f; SSRMdL 2011).

Dass die Übernahme der Pflege/Betreuung älterer oder bedürftiger Familienmitglieder weiterhin zu den gesellschaftlich erwarteten *Frauen*biografien gehört, wird auch von qualitativen Studien wie derjenige von Francesca Degiuli (2010:759)[48] über häusliche Langzeitpflege in Turin bestätigt. Diese zeigt, dass die Tätigkeiten für viele *caregivers* mit einem Pflicht- und Schuldgefühl verbunden sind (Degiuli 2010:765). Viele interviewte erwachsenen Töchter von hilfsbedürftigen Eltern erklären, dass sie als *Frauen* zu dieser Arbeit geeigneter als ihr Bruder/Partner sind (Degiuli 2010:762f). Diese Arbeit – wie es im nächsten Kapitel tiefergehend betrachtet wird – gehört traditionell zur Solidarität zwischen den Generationen, wobei, wie bereits dargelegt, diese Solidarität „matrilinear" ist (vgl. Naldini/Saraceno 2008:253).

3.1.2 Die „doppia presenza" (doppelte Anwesenheit)

Die erhöhte *weibliche* Arbeitsmarktbeteiligung hat darum für viele Arbeiter*innen* eine doppelte Belastung zur Folge, da neben und oft nach der Erwerbsarbeit die Erledigung der Hausarbeit, Kinderbetreu-

---

chen zu sein scheint, ist die Zahl der Väter, die Elternzeit beantragt bzw. in Anspruch genommen haben, weiterhin sehr gering (im Jahr 2012 lag diese Zahl – was die nicht-selbstständigen Arbeiter betraf – laut INPS (2013) bei 30.468).

[48] Degiuli (2010:757ff) interviewte 26 *caregivers* innerhalb der Familie – meistens Töchter, wobei auch einige Söhne der hilfsbedürftigen Familienmitglieder befragt wurden – die für die Pflege/Betreuung älterer Menschen eine Person eingestellt hatten und somit zum_r Arbeitgeber_in wurden. Degiuli erklärt, die Interviewten stammen aus unterschiedlichen Schichten und waren entweder Vollzeit eingestellt oder bezogen eine Rente.

ung und die Pflege älterer, hilfsbedürftiger Familienmitglieder auf sie wartet. Diese fehlende Defamiliarisierung zeigt sich in Form einer *„doppia presenza"* (doppelten Anwesenheit: In der privaten und öffentliche Sphäre) (vgl. Balbo 1978), welche normativ und traditionell unterstützt bzw. (re)produziert wird[49] (vgl. Saraceno/Naldini 2001:198ff). Die Schwierigkeit, diese doppelte Anwesenheit auszuhalten und auszuhandeln, spiegelt sich sowohl in der Schwierigkeit für viele *Frauen* eine bezahlte Arbeit zu finden, als auch, diese zu behalten (vgl. Saraceno/Naldini 2001:187ff, 198ff; SSRDMdL 2011) wider. Statistisch verlässt heute knapp jede dritte *Frau* ihren Arbeitsplatz,[50] um sich um die Kinder oder um ältere abhängige Familienmitglieder zu kümmern (vgl. SSRMdL 2011). Das Gleiche gilt jedoch nicht für ihre Partner.

Viele *Frauen* stehen darum vor einem Dilemma – Erwerbsarbeit oder unbezahlte Pflege/Betreuung von hilfsbedürftigen Familienmitgliedern? Oder soweit wie möglich beides? [51] Diese Situation spitzt sich immer weiter zu. Einerseits besteht eine chronische Schwierigkeit, Teilzeitstellen zu finden.[52] Anderseits – obwohl insgesamt *Frau-*

---

[49] Diese anstrengende und oft extrem belastende Situation steht häufig hinter der zeitlichen Verschiebung der Mutterschaft, die innerhalb der letzten Jahre immer mehr zu einem späteren Zeitpunkt stattfindet (vgl. Naldini/Saraceno 2008:735; SSRMdL 2011). Zudem haben *Frauen* Strategien entwickelt, um den Arbeitsumfang bei der Hausarbeit zu reduzieren, z.B. die Reduzierung der Anzahl der geborenen Kinder oder die Reduzierung des Aufwands bei der Vorbereitung der Mahlzeiten (vgl. Saraceno/Naldini 2001:197).

[50] Darüber und über die Geschlechtersegregation am Arbeitsmarkt siehe Manna (2013).

[51] Für eine historische Rekonstruktion dieses Dilemmas siehe auch Saraceno (1998:49ff).

[52] Die ökonomische Abhängigkeit von *Frauen* wird anderseits durch die Schwierigkeit erhöht, eine Vollzeitstelle zu finden. Teilzeitarbeit stellt für viele Arbeiter*innen* (für fast die Hälfte) keine freie Wahl dar und für viele ist diese Entscheidung von der Übernahme der Care-Work bedingt (vgl. SSRMdL 2011; Saraceno 2001). Wie Saraceno (2008:253) erklärt, ist in Italien – wie auch in anderen Mittelmeerländern – die *weibliche* Arbeitsmarktbeteiligung in Vergleich zu anderen Ländern geringer, wobei die Vollzeitquote verhältnismäßig hoch ist. Die Seltenheit von Halbzeitstellen und in manchen Regionen auch die Knappheit von Arbeit führten dazu, dass die

en weniger als *Männer* davon betroffen sind – ist es aufgrund der ökonomischen Krise schwieriger geworden, überhaupt in den Arbeitsmarkt einzutreten oder wieder einzugliedern bzw. die Stelle zu behalten. *Frauen* sind darum mit der Prekarität der Arbeitswelt konfrontiert, obwohl der *gender gap* sich – auch wenn er sehr ausgeprägt bleibt – reduziert hat. Während die Zahl der erwerbstätigen *Frauen* bis zum Jahr 2008 und dann wieder 2011 und 2012 zugenommen hat, gilt für ihre Kollegen das Gegenteil (vgl. ISTAT 2007; 2014).[53] Wie u.a. die qualitative Studie von Francesca Degiuli (2010) und von Barbara Da Roit und Manuela Naldini (2010) zeigt, kümmern sich viele *Frauen* um ihre älteren Familienmitglieder, solange sich die Care-Arbeit und die Erwerbsarbeit zeitlich kombinieren lassen, d.h. solange der Gesundheitszustand der älteren Familienangehörigen dies ermöglicht. Die – manchmal plötzliche – Verschlechterung des Gesundheitszustands ihrer Verwandten, die ihre ununterbrochene Präsenz unter dem gleichen Dach notwendig macht, erschwert oder macht es für viele unmöglich, diese Balance bzw. diese doppelte physische und psychische Anwesenheit (*doppia presenza*) auszuhalten (vgl. Degiuli 2010:761ff) und ein *care deficit* (Parreñas 2002:39) bzw. ein Mangel an kostenloser Care zeichnet sich somit ab.

Anzahl der *Frauen*, die gleichzeitig innerhalb und außerhalb der vier Wänden tätig waren, gering blieb (Saraceno/Naldini 2001:187f).

[53] Wenn z.B. der Zeitraum von 1995 zum 2005 betrachtet wird, zeigt sich eine starke Reduktion der *weiblichen* Arbeitslosigkeit (ein Drittel weniger) während das gleiche nicht für die *männliche* Arbeitslosigkeit gilt (nur ein Viertel weniger) (vgl. ISTAT 2007). Auch im Zeitraum 2004 und 2008 sowie 2011 bis 2012 ist die *weibliche* Beschäftigungsrate gestiegen, während 2009, 2010, 2013 und 2014 diese als rückgängig zu verzeichnen war. Die *männliche* Beschäftigungsrate ist im Gegensatz hierzu im Zeitraum von 2004 bis 2008 gestiegen – jedoch weniger als die *weibliche* – und ab dem Zeitpunkt ist sie bis heute konstant insgesamt um knapp sieben Prozentpunkte gesunken (vgl. ISTAT 2014). Es soll jedoch nicht verschwiegen werden, dass dieser Fakt zum Teil in Verbindung mit der zunehmenden Präsenz von Migrant*innen* auf dem Arbeitsmarkt steht. Diese Tendenz ist umso relevanter, je stärker sich die Anwesenheit von *Frauen* auf dem Arbeitsmarkt konzentriert – wie bereits erwähnt – hauptsächlich im Dienstleistungsbereich und das trifft besonders auf die Arbeit im Haushalt zu. Diese positive Tendenz interessiert also vor allem die Arbeiter*innen* ohne italienischen Pass (vgl. ISTAT 2014; SSRMdL 2011).

3.1.3 Gesellschaftliche Diskurse über Pflege/Care von älteren Menschen

Wie Silvia Federici (2012:116) erklärt, ist vor allem die Betreuung von älteren Menschen in kapitalistischen Gesellschaften als unproduktiv und als „Nicht-Arbeit" angesehen – im Gegensatz, so die Autorin, zu vielen prä-kapitalistischen Gesellschaften, in denen ältere Menschen als Träger_innen und Inhaber_innen des kollektiven Gedächtnisses geschätzt waren. Noch stärker als die Erziehung und Betreuung von Kindern gilt die Pflege älterer Menschen als eine Tätigkeit, welche Arbeitszeit (Wert) absorbiert, ohne dabei etwas (Wert) zu produzieren (vgl. Federici 2012:116). Die Pflege und Betreuung hilfsbedürftiger, älterer Menschen leidet also laut Federici – die ihre These mit dem Beispiel der *badanti* in Italien stützt – unter einer doppelten kulturellen und sozialen Abwertung und genießt von daher keine gesellschaftliche Anerkennung.[54] Nicht zuletzt soll auch daran erinnert werden, dass diese Arbeit oft als „schmutzig" wahrgenommen wird (vgl. Anderson 2006:8ff). Diesbezüglich ist es interessant, die Geschichte der bezahlten häuslichen Arbeit zu beobachten. Die früher hohe Anzahl der „Dienerinnen" (*serva*) nahm ab den 1960er Jahren drastisch ab. Einerseits war die Nachfrage zurückgegangen, andererseits – wie Raffaela Sarti (2013:30ff) erklärt – entschieden sich aufgrund der weiterhin schlechten sozialen Anerkennung dieser Arbeit diejenigen, die es konnten, für eine andere Tätigkeit.

Das genannte Dilemma, vor dem viele *Frauen* stehen (oder standen), ist es, sich zwischen der unbezahlten, gesellschaftlich nicht geschätzten Care-Work und einer Arbeit – die Erwerbsarbeit –, die nicht nur lukrativ(er) ist, sondern auch als Emanzipationsmittel gesehen wird, zu entscheiden. Die Erwerbstätigkeit ist eine Beschäftigung mit gewisser finanzieller Unabhängigkeit und beinhaltet gesellschaftliche Anerkennung. Darüber hinaus ist sie ein wichtiges Mittel zum vollen Staatsbürgerschaftsstatus. Sie gilt als Integrationsweg in das öffentli-

---

[54] Siehe diesbezüglich auch die Debatte aus den 1970er Jahren (vgl. u.a. Dalla Costa (1983) Benholdt-Thomsen et al. (1988), Bock/Duden (1977), Federici (1975), Mies (1988), von Werlhof (1978)).

che Leben (vgl. Becker-Schmidt 2010:66ff; Saraceno 2008:248),[55] welches früher ein *männliches* Vorrecht war (vgl. Beer 2010:60ff).

3.1.4 Das intra-geschlechtliche Arrangement

Vor dem Dilemma stehend entscheiden sich viele Töchter – wie es sich aus der Studie von Degiuli (2010:771) ergibt – oft für eine Ersatzperson an ihrer Stelle. Die Einstellung einer meistens migrierten Arbeiter*in* erlaubt es ihnen, ihre Rolle von *„care providers"* zu *„care managers"* zu wechseln[56] (vgl. Degiuli 2010:773f). Durch dieses *intra-geschlechtliche Arrangement* können sie den „erniedrigenden" (vgl. Degiuli 2010:774) Teil der Care-Arbeit an eine andere *Frau* übergeben, während sie weiterhin für die Organisation und die (moralische und spirituelle) Kontrolle der Care zuständig bleiben. Die Übernahme der Manager- und Aufsichtsposition ist natürlich auch mit einem Macht- und Autoritätsgefühl verbunden. Zudem erlaubt sie diesen *Frauen*, ihre Erwerbstätigkeit zu behalten – was für viele *Frauen* aus den genannten Gründen wichtig ist (vgl. Da Roit 2007:256ff). Die Geschlechterarbeitsteilung – wie Hochschild und Ehrenreich zeigen – findet auf globaler Ebene statt. Allerdings lässt sich die Analyse der von den zwei Autorinnen herausgegebenen Studien nur teilweise auf den italienischen Fall übertragen. Die Weitergabe der Betreuung/Pflege von älteren Menschen wird auch – im Unterschied zu der Erledigung der Hausarbeit oder der Betreuung der Kin-

---

[55] Das Dilemma, vor welchem viele erwerbstätige *Frauen* stehen, soll auch im Kontext „veränderter kultureller Bedeutungszuschreibung und Haltungen (von Frauen) hinsichtlich von Erwerbs- respektive Versorgungsarbeiten" aufgezeigt werden (Hess 2005:197).

[56] In Bezug auf Hausarbeit stellt Bridget Anderson die These auf, dass diese Arbeit aus zwei Komponenten besteht: Aus Organisation und Arbeit. „Die ›Hausfrau‹ hat eine doppelte Rolle, als Managerin und als Arbeiterin" (Anderson 2006:32). Wenn man von dieser These ausgeht, dann wäre es in Italien nicht so, dass die *Frauen* eine neue Rolle bekommen würden, sondern dass sie ihre Arbeit auf eine der zwei Komponenten reduzieren.

42

der[57] (vgl. Näre 2013:619f) – von *Frauen* gewählt, die nicht nur der (karriereorientierten/oberen) Mittelschicht[58], sondern auch eher den unteren – jedoch nicht armen[59] (vgl. Da Roit 2007:260f; van Hooren 2008:19) – Schichten angehören (vgl. Degiuli 2010:764; Bettio et al. 2006:27; 278). Für einige dieser *Frauen* und unter diesen auch für viele, die erwerbstätig sind, ist der Ausweg aus diesem Dilemma auch ökonomisch bedingt (vgl. Degiuli 2010:764). Zwar können sie sich weder die Kosten eines Pflegeheims[60] leisten noch die Erwerbsarbeit aufgeben (vgl. Degiuli 2010:764f). Andere *Frauen* sind von externen Bedingungen (z.B. die Entfernung) gezwungen, die Care-Arbeit abzugeben (vgl. Da Roit 2007:256). Für andere *Frauen* ist die Entscheidung, eine Care-Arbeiter*in* einzustellen, von der Tatsache bedingt, dass sie ihre Erwerbstätigkeit nicht aufgeben möchten, da diese ihnen eine gewisse Unabhängigkeit und Befriedigung bietet (vgl. Da Roit

---

[57] Lena Näres (2013:619f) qualitative intersektionale Studie über die Einstellung von Migrant_innen als Hausarbeiter_innen in Italien offenbart, dass dabei die Klasse besonders in dem Fall von Haushaltsaktivitäten wie Bügeln und Putzen und bei der Kinderbetreuung eine relevante Rolle spielt. Im Gegensatz dazu stellt die Einstellung eines_r Arbeiters_in bei der Betreuung/Pflege von älteren Familienangehörigen kein Klassenprivileg oder -symbol dar.

[58] Ehrenreich/Hochschild (2002:11) reden explizit über „career-oriented upper-middle-class woman of affluent nation".

[59] Einige Autor_innen (u.a. da Roit 2007; van Hooren 2008) vertreten die These, die Einstellung einer *badante* sei ein Privileg der wohlhabenden Mittelschicht. Im Gegensatz dazu behaupten andere Autor_innen (Degiuli 2010; Bettio et al. 2006;), die Lösung der *badante* sei nicht ausschließlich für die Mittelschicht zugänglich. Unabhängig von dieser Meinung bezweifeln die Autor_innen nicht, dass diese Lösung den ärmeren Schichten unzugänglich bleibt. Für arbeitslose *Frauen* armer Familien stellen die Einkommen durch die Rente der älteren Familienangehörigen und durch die *indennità di accompagnamento* eine wichtige Einnahmequelle für die ganze Familie dar. Für diese Familie wird die Anwesenheit einer hilfsbedürftigen, alten Familienangehörigen vielmehr als Ressource statt als Last angesehen (vgl. Da Roit 2007:261).

[60] Wie im nächsten Kapitel tiefergehend dargestellt wird, stellt die Einstellung einer Person zu Hause auch bei gleichbleibenden Kosten für viele *caregivers* eine bessere Lösung als das Altersheim dar, da letzteres gesellschaftlich keinen guten Ruf besitzt (vgl. Degiuli 2010:767).

2007:256ff). Die Klassenunterschiede zwischen *caregivers* – welche die Care übergeben – und den *badanti* sind in allen diesen Fällen nichtsdestotrotz vorhanden und oft durch die ökonomische Lage – also die Einkommensunterschiede zwischen dem Herkunfts- und dem Einwanderungsland – bedingt.[61] Aus einer intersektionalen Perspektive lässt sich darum eine klassenbedingte Trennlinie zwischen Arbeitsgeber*in* und Arbeitsnehmer*in* erkennen, die oft auf einer Deklassierung der Arbeitsnehmer*in* in Vergleich zu ihrer Position in den Herkunftsländern basiert (vgl. Chiaretti 2005:26). Die darauf aufbauenden Hierarchien finden darum teilweise zwischen Angehörigen von niedrigen Schichten statt.

3.2 Gender policy in Bezug auf die Pflege/Care älterer Familienangehöriger

Vor dem Hintergrund dieser Situation stellt sich die Frage, welche Maßnahmen ergriffen und welche Gesetze verabschiedet wurden, um der Geschlechterarbeitsteilung entgegenzuwirken und einen „Umdenkprozess" der gesellschaftlichen Wahrnehmung und Umsetzung der Care-Work als *weibliche* und abgewertete Arbeit in Gang zu setzen.

Seit den 1980er Jahren war klar, dass die Organisation von Betreuung und Pflege durch die unbezahlte Arbeit einer ökonomisch von ihrem *Mann* abhängigen *Frau* – also die Organisation der Pflege innerhalb des *männlichen* Ernährermodells – aufgrund des Alterungsprozesses der italienischen Bevölkerung und der gestiegenen *weiblichen* Erwerbsarbeitsquote zunehmend problematisch wurde (vgl. Saraceno 2008:246ff). Vor diesem Hintergrund fand 1987 z.B. der

---

[61] Viele der angestellten *Frauen* hatten in ihren Herkunftsländern studiert (60 Prozent besitzen einen Studienabschluss, einige auch in Medizin) und oft genossen sie auch eine angemessene Anerkennung (vgl. Chiaretti 2005:30). Siehe u.a. die im Jahr 2005 von Giuliana Chiaretti herausgegeben biografischen Erzählungen in der qualitativen Studie „Inclusione sociale. Prospettive, esperienze, ricerche sul campo".

44

Kongress „Culture di servizi e diritti quotidiani: il dibattito scandinavo e la riflessione in Italia" statt, organisiert von einer Fraktion des Parlaments der unabhängigen Linken (an der auch Laura Balbo beteiligt war).[62] Dieser Kongress versuchte, die Aufmerksamkeit der Politik auf das Thema der Care-Arbeit zu richten. Doch wie Naldini und Saraceno (2008:734ff) erklären, erlebte Italien in Bezug auf die Sozialpolitik eher eine Stillstandsphase, deren Ausweg u.a. von dem Ausmaß der Staatsverschuldung und der schon bestehenden Schwäche des Wohlfahrtsstaates erschwert wurde. Eine wichtige Rolle an dem Mangel an Reformen spielten allerdings auch die politischen Widerstandskräfte und unter diesen die Kirche, welche einer Erneuerung der Geschlechter- und Familienpolitiken nicht befürwortete (vgl. Naldini/Saraceno 2008:734; 746). Diese Stillstandsphase wurde in den 1990er Jahren durch einige Reformen unterbrochen und zum Teil ganz aufgehoben, welche eine höheren – zumindest formale – Gleichberechtigung der Geschlechter und eine Neudefinition der Geschlechterarbeitsteilung in der Familie anstrebten (vgl. Naldini/Saraceno 2008:738). Allerdings waren diese Reformen auf die Gleichberechtigung der Rechte von *Frauen* in Bezug auf das Rentensystem[63] und auf die Einführung eines geschlechterberechtigten Anspruchs auf Eltern-

---

[62] Im Text „Time to care", der aus diesem Kongress stammt, wurde die Forderung präsentiert, die Konzeption der Zeit – und besonders der Zeit für die Care-Work – und des vergeschlechtlichten Dualismus bezahlter Erwerbsarbeitszeit vs. unbezahlter Care-Arbeit kritisch zu reflektieren und umzudenken (vgl. Chiaretti 2007:4ff). Mehr zu der Wichtigkeit und Aktualität dieses Textes in Chiaretti (2007).

[63] Die Reformen zwischen 1992 und 2004 sahen eine Änderung der Parameter für die Berechnung der Höhe der Renten vor. Die Reformen von 1992 (Riforma Amato) und 1995 (Riforma Dini) sahen vor, dass die Rente auf der Grundlage des gesamten Paareinkommens und nicht mehr aufgrund des Einkommens des einzelnen Individuums kalkuliert wurde (vgl. Naldini/Saraceno 2008:739f; Petrini 2011). Zudem erhöhte sich die Mindestanzahl an Arbeitsjahren, um den Anspruch auf eine Rente zu sichern. Die sogenannten Baby-Renten für *Frauen*, die staatlich angestellt waren (Rente nach 15 Jahren Arbeit) wurden auch abgeschafft (vgl. Naldini/Saraceno 2008:739f; Petrini 2011). Saraceno und Naldini (2008:738ff) vertreten die These, dass diese Maßnahmen zur Gleichstellung der Geschlechter im Rentensystem für viele *Frauen* eine Verschlechterung ihrer Situation bedeuteten, ohne dass für sie strukturell neue (Arbeits-) Chancen geschaffen wurden.

zeit[64] begrenzt (vgl. Naldini/Saraceno 2008:738ff). Was die Organisation der Care von älteren, hilfsbedürftigen Menschen angeht, waren die Änderungen in der Sozialpolitik jedoch minimal (vgl. Naldini/Saraceno 2008:739). Es überrascht nicht, dass bereits die Debatte über die Reformen zur Reorganisation des Sozialstaats und besonders über die Vereinbarkeit von Erwerbsarbeit und Familie bzw. Care-Arbeit sich auf das Thema der Schwierigkeit für erwerbstätige *Frauen*, ein Kind zu haben beschränkte (und beschränkt) (vgl. Naldini/Saraceno 2008:736). Außerdem thematisiert diese Debatte nicht die Geschlechterarbeitsteilung, ganz im Gegenteil. Sie behandelt das Thema der Vereinbarkeit von Familie und Erwerbsarbeit sowie der niedrigen Geburtsrate als ein geschlechtsspezifisches (also *weibliches*) Problem, in welches ihre Partner nur insofern einbezogen sind, als diese mit immer mehr Schwierigkeiten konfrontiert werden, einen

---

[64] Im Jahr 2000 wurde das Gesetz 53/2000 *Dispozioni per il sostegno della maternità della paternità, per il diritto alla cura e alla formazione e per il coordinamento die tempi delle città* eingeführt, welches auf die Vereinbarkeit der Care-Arbeit (bzgl. der Kinder) und der Erwerbsarbeit zielten. Das Gesetz sieht u.a. für beide Elternteile unabhängig vom Geschlecht die Möglichkeit vor, Elternzeit zu beantragen – ein Recht, das davor nur der Mutter eingeräumt war, während der Vaterschaftsurlaub gesetzlich als Ausnahme reguliert wurde (vgl. Franzoni/Anconelli 2014). Zudem wird dadurch die Flexibilisierung der Arbeitszeiten durch einen Sozialfond für die Beschäftigung und durch positive Maßnahmen (*positive actions*) gefördert, die u.a. Teilzeitarbeit und Heimarbeit begünstigen (vgl. Franzoni/Anconelli 2014; INPS 2014a). In die gleiche Richtung geht auch das Gesetz 328/2000 *Legge quadro per la realizzazione del sistema integrato di interventi e servizi sociali*, dessen Art. 16 *Sostegno alle responsabilità familiari* die Aufgaben der Familie bei der Übernahme der Care-Work bzw. bei der Vereinbarung von Erwerbsarbeit und unbezahlter Care-Arbeit unterstützen soll. Dieses Gesetz erkennt und untermauert u.a. die zentrale Rolle der Familie als verantwortlich für die Care-Work, indem es Pflegegeld oder weitere finanzielle Begünstigungen (z.B. laut Art. 16 zinsgünstiges Darlehen oder laut Art. 15 Gutscheine) und lokale Maßnahmen für die Vereinbarung von Erwerbs- und Care-Arbeit vorsieht (vgl. Franzoni/Anconelli 2014/ INPS 2014a). Auch den Ein-Eltern-Familien werden finanzielle Begünstigungen (Art.16 328/2000) bewilligt, jedoch hängen diese – wie in dem Fall vieler anderer Maßnahmen – von den Regionen ab bzw. in einigen Fällen haben sie einen experimentellen Charakter (vgl. INPS 2014a).

den Ausgaben der Familien angemessenen Lohn zu verdienen (vgl. Naldini/Saraceno 2008:736).

Vor dem Hintergrund dieser Debatte – bzw. der fehlenden Infragestellung der geschlechtertypischen Arbeitsteilung – soll die im nächsten Kapitel tiefergehende Betrachtung der Sozialpolitik Italiens in Bezug auf die Care älterer Menschen verstanden werden. Diese ist nämlich von der Zentralität der Rolle der Familie charakterisiert. Saraceno und Keck (2011:372ff) erklären, um wirksam zu sein, sollen Gleichstellungspolitiken die *weibliche* Erwerbstätigkeit durch Maßnahmen und Strukturen begünstigen, die zum Teil die familienbezogene Care-Arbeit übernehmen und vor allem auch die gesellschaftliche wertschätzende Anerkennung von Care-Work fördern. Um die Geschlechtergleichstellung zu erreichen, ist eine Politik erforderlich, welche die Geschlechterspezifität der Care-Arbeit untergräbt. Der Mangel an solcher Politik und gleichzeitig die Tatsache, dass für die Politik die Care von älteren Menschen überwiegend auf der Säule der Familie ruht, fördern keine Umwandlung der geschlechtsspezifischen Normen und Praxen von Care-Work. Schließlich besteht in Italien – wie im nächsten Kapitel dargestellt wird – die wichtigste staatliche finanzielle Sozialhilfe in Form eines monatlichen Pflegegeldes, welches nicht zweckgebunden ist (vgl. Da Roit et al. 2007:657f). Dies legt die Auswahl der *caregiver* in die Hände der Familienmitglieder und somit überwiegend in *weibliche* Hände (vgl. Degiuli 2010:762).

3.3 Fazit: Ein patriarchalisches Regime

Mittels der dargestellten Indikatoren lässt sich ein klares Fazit ziehen. Das Geschlechterregime Italiens lässt sich erstens als patriarchalisch definieren. Einerseits fühlen sich Töchter, Schwestern, Ehe*frauen* aufgrund der oben dargestellten geschlechtsspezifischen Normen und gesellschaftlichen Diskurse heutzutage, wie auch schon in der Vergangenheit, nicht nur verantwortlich und zuständig, sondern auch für die Care-Work verpflichtet und besser als die *männlichen* Familienangehörigen geeignet. Anderseits verfügen sie – aufgrund der oft für den Lebensunterhalt notwendigen Erwerbsarbeit – nicht mehr über die dafür notwendige Zeit. Das stellt einen großen Unterschied zu den früheren Generationen dar. Die Verschlechterung des Gesundheitszustandes ihrer Familienangehörigen drängt sie oft, eine Entscheidung zwischen einer immer noch als abwertend angesehenen Arbeit und der etwas mehr angesehenen und emanzipatorisch geschätzten (und in vielen Fällen für den Lebensunterhalt notwendigen) Erwerbsarbeit zu treffen. Von der institutionellen Seite kommt – zumindest aus einer Geschlechterperspektive betrachtet – keine Hilfe. Wie oben erläutert, wurden in der Tat staatlich weder gezielte Maßnahmen ergriffen, die der Geschlechterarbeitsteilung entgegenwirken sollten, noch eine wirksame Politik gefahren oder Regulierungen eingeführt, die zur positiven gesellschaftlichen Aufwertung der Care-Work beitrugen. Diese politische Untätigkeit und dieser Stillstand trugen darum zur Bewahrung der bestehenden Geschlechterordnung bei. Die Tatsache, dass die wichtigste staatliche Sozialhilfe ein monatlicher finanzieller Beitrag ist, wälzt die Verantwortung über die Organisation der Care auf die *Frauen* ab. Die Geschlechtersegregation auf dem Arbeitsmarkt wandelt das genannte Dilemma in eine Entweder-Oder-Wahl.[65] Es soll allerdings nicht verschwiegen werden, dass die Anzahl der *Frauen*, die vor diesem Dilemma stehen, aufgrund der wirtschaftlichen Stagnation und des damit verbundenen Nachfragerückgangs des Arbeitsmarktes geringer geworden ist. Bemerkenswert sind jedoch verhältnismäßig weniger *Frauen* als ihre männlichen Kollegen von der Krise betroffen.

---

[65] Es ist zu vermuten, dass diese Entweder-Oder-Wahl radikaler ist als in anderen Ländern, in denen die Geschlechtersegregation am Arbeitsmarkt weniger ausgeprägt ist. In diesen Ländern ist z.B. der Wiedereinstieg in den Arbeitsmarkt (zumindest statistisch) einfacher als in Italien. Dies wird zum Beispiel durch die Tatsache belegt, dass der Unterschied zwischen der *weiblichen* Beteiligung am Arbeitsmarkt in Italien und in anderen Ländern mit der Anzahl der geborenen Kinder steigt. Laut den Statistiken von EUROSTAT wird der Unterschied zwischen der durchschnittlichen Erwerbstätigkeitquote von *Frauen* in Italien und in den restlichen 27 EU-Ländern bis zum zweiten Kind mit der Anzahl der geborenen Kinder größer (vgl. Saraceno 2001; SSRMdL 2011). Laut der Cnel (2012) sinkt die Erwerbstätigkeitsquote der *Frauen* zwischen 25 und 45 nach der Geburt des ersten Kindes von 63 Prozent auf 50 Prozent und geht nach der Geburt des zweiten Kindes drastisch zurück. Vgl. auch Manna (2013:130ff).

Das Geschlechterregime lässt sich zudem auch als hierarchisch definieren. Wenn man die Entscheidung trifft, die Betreuung/Pflege von älteren Menschen an andere *Frauen* weiterzugeben, gebietet die gesellschaftliche Geschlechternorm in zweifacher Hinsicht achtzugeben (bzw. nicht dagegen zu verstoßen). Erstens wird dadurch die normative Reproduktion der Geschlechterarbeitsteilung gesichert. Das Phänomen der globalen Arbeitsteilung (vgl. Ehrenreich/Hochschild 2002), dass *Frauen* der reichen nördlichen Ländern außerhalb des Hauses tätig sind und *Frauen* aus ärmeren südlichen Ländern für die Erledigung der Care-Work in den nördlichen Ländern bezahlt werden, auf welches im einführenden Kapitel hingewiesen wurde, kann nämlich auch in dem Falle Italiens wiedergefunden werden. Das *intra-geschlechtliche Arrangement* findet anstelle des *inter-geschlechtlichen Arrangements* vor dem Hintergrund der staatlichen Unfähigkeit und seines Widerstandes statt. Zweitens wird die Norm, nach welcher die Tochter o.a. *weibliche* Familienmitglieder sich um die älteren und abhängigen Familienangehörigen kümmern sollen, nicht komplett aufgegeben. Die Weitergabe der Betreuung/Pflege bzw. ihre Rolle als Care-Manager*innen* und die Beibehaltung der „emanzipierenden" Erwerbstätigkeit helfen den „lokalen" *Frauen*, eine bessere gesellschaftliche Position zu sichern.[66] Vorhandene Normen und (abwesende) Geschlechterpolitik tragen daher zu einem *intra-geschlechtlichen Arrangement* bei, das entlang hierarchischer Trennlinien bzw. neuer Ungleichheitsachsen verläuft. Diese markieren – wie Lena Näre (2013) zeigt - Unterschiede auf der Basis von Herkunft und Klasse. Die Einstellung einer Migrant*in* ermöglicht es daher, ein patriarchalisches und hierarchisches Geschlechterregime aufrechtzuerhalten.

---

[66] Bridget Anderson (2006:25) erklärt: „die Beschäftigung einer bezahlten Hausarbeiterin ist eine der Möglichkeiten, dank derer einige Frauen imstande sind, sich männliche Arbeitsmuster anzueignen".

4. CARE-REGIME IN ITALIEN

„I wouldn't [put her in a residential facility] because I know she wouldn't want me to. It would be going against her will"
(Interview mit einer *caregivers* bzw. Tochter, die die Pflege ihrer Mutter selber übernahm. In: Degiuli 2010: 764).

„Every time I think that it is time to put her in a nursing home, I go to look at a few. Every time I've walked out crying, thinking, 'no, it's too early ...we can still manage'. Over these ten years we've taken care of her with the help of at least ten different home eldercare assistants. We did this because she's our mother and from a moral standpoint we believe that we should take care of her. Furthermore, my sister and I thought that it was important to set an example for our children, to show them that it is important to take care of your own elders, of your family"
(Interview mit einer *caregiver* bzw. Tochter einer hilfsbedürftigen Mutter, die mehrere *badanti* einstellte. In: Degiuli 2010: 765).

4.1 Diskurse, Normen und Praxen über Care

4.1.1 Die Zentralität der Familie

Wie Chiara Saraceno und Manuela Naldini (2001:10) erklären, stellt die Familie in Italien einen der bevorzugten Orte der gesellschaftlichen Realitätskonstruktion dar. Sie ist insofern eine gestaltende Struktur und ein wichtiger Akteur, der einerseits auf die Gesellschaft einwirkt und andererseits von dieser beeinflusst wird (vgl.

Saraceno/Naldini 2001:14). Beim Prozess der Zunahme an Bedeutsamkeit dieser Institution – die traditionell durch die monogame eheliche heterosexuelle Verbindung zustande kommt – spielt die katholische Kirche eine zentrale Rolle[67] (vgl. Saraceno/Naldini 2001:89ff; 2008:746). Die Familie fungiert als (Re)produktionsmechanismus der – wie im vorherigen Kapitel erläuterten – normativen Geschlechterarbeitsteilung und somit der Geschlechterspezifizität der Care-Arbeit (vgl. Saraceno/Naldini 2001:31). Gleichzeitig funktioniert sie wie ein flexibles, solidarisches, soziales, auf Verwandtschaftsbeziehungen basierendes Netzwerk (vgl. Saraceno/Naldini 2001:72). Während die Kinder von der finanziellen Unterstützung der Eltern profitieren konnten und teilweise immer noch heute können, wird „erwartet", dass ein Familienmitglied (meistens die (Schwieger-)Tochter, die Schwester oder gegebenenfalls die Mutter)[68] im Falle von Krankheit oder Care-Bedarf eines anderen Familienmitglieds verfügbar ist bzw. sich dafür zuständig zeigt. Somit wird die Care-Lücke geschlossen (vgl. Saraceno/Naldini 2001:81f).[69] So waren (Schwieger-)Töchter und Ehe*frauen* in der Vergangenheit diejenigen, die in erster Linie den Care-Bedarf von älteren Familienangehörigen physisch übernahmen (vgl. Da Roit 2007:252).

Jedoch ist – wie die Familie – auch eine solche intergenerationale Solidarität den kulturellen und demografischen Veränderungen[70] ausgesetzt, sodass sich dementsprechend ihre Formen verändert haben (vgl. Sarceno/Naldini 2001:121ff). Die Anzahl der geborenen Kinder hat abgenommen und die der älteren, hilfsbedürftigen Menschen ist

---

[67] Seit dem 12. Jahrhundert fällt der Hochzeit eine heilige Bedeutung zu. Die Schließung der Ehe (sowie die Ehe selbst) wird somit drei Kontrollapparaten unterworfen: der Verwandtschaft (die über die Schließung der Ehe bestimmt), sowie der Kirche und dem Staat (vgl. Saraceno/Naldini 2001:89ff).

[68] Im Fall z.B der Geburt eines Kindes oder während der Schwangerschaft wird erwartet, dass die (Stief-)Mutter der (Stief-)Tochter bei der Erledigung der Hausarbeit und im Haushalt hilft (vgl. Saraceno/Naldini 2001:81f).

[69] Wie Chiara Saraceno und Manuela Naldini (2013:187) erklären, ist in Italien die Familie immer noch die Hauptumverteilungsstelle sowohl der Care-Arbeit als auch des Einkommens.

[70] So ist die Zahl der älteren Menschen, die mit ihren jüngeren Verwandten zusammenwohnen, stark zurückgegangen und die Zahl der alleinwohnenden, älteren Menschen hat stetig zugenommen (vgl. Da Roit 2007:253f).

gestiegen. In Zusammenhang damit hat die *weibliche* Erwerbsarbeitsquote zugenommen und darüber hinaus sind neue Formen von Familien[71] – wie zum Beispiel der Alleinerziehenden-haushalt oder die
Familie aus einer Zweithochzeit – in Erscheinung getreten (vgl.
Saraceno 1998:32f; Saraceno/Naldini 2001:140ff). Infolgedessen ist
innerhalb der Familie die Anzahl der kostenlosen und verfügbaren
caregivers, die sich um die Care-Work kümmern können und wollen,
geringer geworden, bzw. das für die kostenlose Care verfügbare Zeitkontingent ist stark zurückgegangen (vgl. Chiaretti 2009:10; Da Roit
2007:253ff; Saraceno/Naldini 2001:260). Die Formen der Unterstützung haben dementsprechend eine Umwandlung erlebt, indem diese
sich z.B. zunehmend auf die Erledigung von Haushaltaktivitäten reduziert haben (vgl. Da Roit 2007:253). Nichtdestotrotz – wie die italien-
spezifische Tatsache, dass heutzutage immer noch viele Kinder in
unmittelbarer Nähe der Eltern wohnen, beweist (vgl. Sarceno/Naldini
2001:76, 261) – bleibt in Italien eine solche intergenerationale Solidarität weiterhin ein zentrales Element der Care von älteren Menschen
(vgl. Da Roit 2007:259f; Saraceno/Naldini 2008:734).

4.1.2 Die familiäre Pflege/Care: Das Leitbild

Wie im letzten Kapitel aus einer Geschlechterperspektive aufgezeigt, herrscht in Italien weiterhin das Ideal der häuslichen Betreu-
ung/Pflege (vgl. Näre 2013:614ff; Degiuli 2010:765ff). Das Ideal
entspricht den gesellschaftlichen Normen, Moralvorstellungen und
kulturellen Werten, nach denen die häusliche Betreuung/Pflege von
älteren Verwandten einen „Imperativ" darstellt. Die häusliche Betreuung gilt in vielen Fällen als Liebesbeweis und kann von widersprüch-
lichen Gefühlen wie Respekt, Dankbarkeit, Schuld, Pflicht und Angst
vor der eigenen Alterszeit geleitet werden (vgl. Degiuli 2010:765).

---

[71] Unter anderem wurde dies stark beeinflusst durch die Einführung des
Scheidungsrechtes in Bezug auf die Bedeutung und die Formen der Ehe (vgl.
Saraceno 1998:43f).

Viele Familien sind zudem der Meinung, dass die häusliche Pflege zur Aufrechterhaltung des Gleichgewichts ihrer älteren Verwandten beiträgt, da sie somit ihre Gewohnheiten und Tagesabläufe beibehalten können (vgl. Degiuli 2010:765; Taccani 2013:75ff).

Die Lösung des Pflege- oder Altenheims (das sogenannte *casa di riposo*) genießt im Gegensatz dazu keinen guten Ruf. Wie die qualitative Studien von Lena Näre (2013) und Francesca Degiuli (2010) aufzeigen, sind starke negative Vorurteile diesbezüglich verbreitet. Einerseits – wie eine von Lena Näre Interviewte erklärte[72] – sind Altenheime als Orte angesehen, in denen die älteren Menschen „verwahrlost" sind und in denen ihnen – hierbei besonders in den etwas günstigeren Altenheimen – oft wegen des Mangels an Pflegekräften keine Aufmerksamkeit geschenkt wird (vgl. Degiuli 2010:764ff). Manchmal – wie Degiuli (2010:766) erklärt – verstärken negative Erfahrungen zusätzlich die Zurückhaltung der Familien gegenüber diesen privaten oder staatlichen Institutionen.[73] Viele Familien sind zudem davon überzeugt, dass es, wenn man ältere Menschen in einer *casa di riposo* „abstellt", bedeutet, sie in ein deprimierendes und einsames Umfeld „abzugeben", in dem deren psychische Lage sich schnell verschlechtern würde (vgl. Degiuli 2010:765). Auf die Lösung des Altenheims zurückzugreifen, wird also oft mit dem Aussetzen der älteren Verwandten gleichgesetzt (vgl. Degiuli 2010:764), sodass diejenigen, die

---

[72] Eine Interviewte („Signora Monti") erklärte: „Think about these public care homes. I don't know if you have read about these care homes that are inspected by surprise and [the old people] are all abandoned. Although these [migrant] care workers are not professionals it is a better option than this absolute abandonment in these care homes" (in: Näre 2013:614).

[73] Eine von Francesca Degiuli interviewte Person erklärte: "We had a terrible experience with my mother-in-law....She was in a facility where there were only two people to care for 15-20 elderly residents. ... It looked pretty nice – they had their own cute, little rooms, but .... When the care workers were busy and couldn't attend to them, or if an elder talked too much, they would tie them to their chairs, and we eventually figured out that my mother-in-law spent hours tied to her chair looking at a wall and she went crazy because of that ... plus they kept men and women together and one of these men, he was sick I understand, but he gave her a beating and broke her nose, and nobody noticed for days. It was only when my mother-in-law was sent in hospital that everything came out and we ended up filing a complaint with the police" (in: Degiuli 2010:766).

sich trotzdem dafür entscheiden, oft – wie u.a. die Interviewten von Da Roit/Naldini (2010:542) zeigen – in eine Rechtfertigungsposition rutschen. Das Altenheim stellt insofern für viele *caregivers* – aus einem normativen Gesichtspunkt – die letzte Option dar (vgl. Da Roit/Naldini 2010:542; Degiuli 2010:765).

4.2 Politik und rechtliche Regulierungen von Care

4.2.1 Das Wegsehen der Politik

Das Gewicht der intergenerationalen Solidarität ist nicht nur auf normativer Ebene festgelegt, sondern wird auch durch das Zivilgesetzbuch Italiens (*codice civile*) gewahrt. Art. 433 und 439 des *codice civile* bestimmen, dass nicht nur die Kernfamilie zum Unterhalt (*obbligo di prestare gli alimenti*) verpflichtet ist, sondern auch ein breiteres Spektrum von Verwandten (vgl. Codice Civile 1942; Naldini 2003:122).[74] Dies – wie Naldini (2003:123) erklärt – unterstreicht somit das Subsidiaritätsprinzip des Staates gegenüber der Familie.[75]

---

[74] Art. 433 und 439 des italienischen Zivilgesetzbuches legen fest, dass beide Ehepartner, die Kinder und im Falle von deren Abwesenheit die nächsten Angehörigen (*ascendenti*), sowie Geschwister, Schwiegereltern und Schwiegerkinder zu Unterhaltszahlungen (*obbligo di prestare gli alimenti*) für ihre Familienmitglieder verpflichtet sind (vgl. Codice Civile 1942; Naldini 2003:122). Dadurch wird die Verantwortung für die finanzielle Unterstützung älterer, hilfsbedürftiger Verwandter auf die Familie übertragen.

[75] Gleichzeitig – durch die Einführung einer Mindestrente – herrscht in Italien eine rechtliche Unklarheit darüber, wo genau die Grenzen der intergenerationalen Solidarität liegen. Wie Naldini (2003:123) erklärt, wird in Italien kein bedingungsloses Einkommen (auch wenn aktuell über ihre Einführung debattiert wird) aber eine Mindestrente garantiert (vgl. Bianchi 2014; Comitato Promotore Reddito Minimo Garantito 2012; LeggiOggi 2014).

Gleichzeitig ist das Fürsorgesystem in Italien von Anfang an mangelhaft und unorganisiert gewesen (vgl. van Hooren 2008:11). Die Erbringung von Pflegeleistungen wurde in Italien seit der ersten Republik[76] hauptsächlich als Aufgabe der Regionen und Kommunalbehörden bestimmt (vgl. van Hooren 2008:11). Jedoch wurde die rechtliche Existenz der Regionen als Behörde erst ab den 70er Jahren festgelegt. Zudem wurden – u.a. wegen der starken Präsenz der christlichen Partei *Democrazia Cristiana* (DC) auf der politischen Bühne – keine umfassenden Richtlinien für die Umsetzung und Bestimmung der Pflegeleistungen erlassen (vgl. van Hooren 2008:11). Diesen beiden Tatsachen zufolge blieb das staatliche bzw. regionale Care-System schwach und unverändert, während die ambulante Pflege sowie die Pflegeheime meistens von katholischen Trägern verwaltet waren (vgl. van Hooren 2008:11). Obwohl das Phänomen des *ageing* bereits in Gang war, wurden die ersten Maßnahmen zur Veränderung des Pflegeleistungssystems erst zwischen Ende der 80er und Anfang der 90er ergriffen (vgl. Da Roit et al. 2007; van Hooren 2008:12). [77] 1987 wurde das erste Gesetz zur Verstärkung des Pflegeheimsystems und der ambulanten Pflegeleistungen erlassen, jedoch mit geringen Auswirkungen.[78] Im Jahr 1992 wurde das Projekt-Ziel zum „Schutz der Gesundheit von älteren Menschen"[79] mit dem Ziel verfasst, lokale Netzwerke von multidisziplinären Teams auf- und auszubauen, die Gesundheits- und Sozialfürsorge zu integrieren, die Pflegeheimsystem neu zu definieren und Pilotvorhaben experimenteller Natur zu unterstützen (vgl. Da Roit et al. 2007:658; Franzoni/Anconelli 2014:45ff, 116ff; van Hooren 2008:12). Das Projekt ließ allerdings den bereits

---

Damit – wie die Autorin erklärt – wird es schwer festzulegen, ab wann genau die Familie für ihre Verwandten finanziell sorgen muss (vgl. Naldini 2013:213).

[76] 1948 mit der Einführung der Verfassung (vgl. van Hooren 2008:11).

[77] Nur 1987 wurde für das erste Mal auf die Pflegeheime explizit Bezug genommen, indem ein nationaler Investitionsplan für diese Strukturen eingeführt wurde (vgl. da Roit et al. 2007:658; van Hooren 2008:12).

[78] Die Implementierung des Gesetzes wurde langsam voran getrieben (vgl. van Hooren 2008:12).

[79] Der Plan wurde „progetto-obiettivo: Tutela della salute degli anziani" genannt. Detaillierte Informationen darüber in Franzoni/Anconelli (2014:45ff).

vorhandenen Mangel an Pflegeleistungen unverändert[80] (vgl. van Hooren 2008:12), während kein langfristiger Plan zum Ausbau des Pflegesystems vorgesehen wurde (vgl. Da Roit et al. 2007:658). Während Prodis Regierung wurde dann 1997 eine Kommission („Commissione Onofri") zur Evaluierung und Verbesserung des Care-Systems ins Leben gerufen, welche feststellte, dass eine Veränderung des vorhandenen Systems erforderlich war (vgl. Da Roit et al. 2007:658; van Hooren 2008:13). Darauffolgend wurde im Jahr 2000 das immer noch aktuelle Gesetz in diesem Bereich (Gesetz 2000/328) erlassen.[81] Dieses Gesetz sieht jedoch erneut keinen Umbau des Finanzierungssystems vor (vgl. van Hooren 2008:13). Viele der zahlreichen Vorhaben[82] – u.a. der Ausbau der ambulanten Pflegeleistungen – (vgl. Franzoni/Anconelli 2014:49ff) wurden jedoch nur auf dem Papier umgesetzt (vgl. van Hooren 2008:12). Die Einführung des Gesetzes 3/2001 zur Verstärkung des Föderalismus negiert oder wirkt dem Gesetz 2000/328 entgegen. Somit werden ambulante Pflegeleistungen gebremst (vgl. Franzoni/Anconelli 2014:54f; van Hooren 2008:13f) und das Gesetz trägt zur Unklarheit in der Aufgabenverteilung zwischen Staat und Region bei (vgl. Naldini/Saraceno 2008:744).

In Rahmen dieser politischen Prozesse spielt die katholische Kirche eine nicht ganz sekundäre Rolle.[83] Wie Franca van Hooren

---

[80] Dies lag u.a. an dem Mangel an finanziellen Mitteln und an den komplizierten Verwaltungsabläufen (vgl. van Hooren 2008:12).

[81] Eine detailliertere Beschreibung der Gesetzesinhalte in Franzoni/Anconelli (2014:49ff).

[82] Was die Pflege von älteren, abhängigen Familienmitgliedern und die Vereinbarkeit der Care- und Erwerbsarbeit betrifft, neben der gesetzlichen Regulierungen, die in nächstem Kapitel dargestellt werden, sieht das Gesetz zum 328/2000 auch Haushilfe- und Hausunterstützungsleistungen, Dienste zur Entlastung und Unterstützung der Familie in der Pflegeverantwortung und Dienste für die Pflegeanvertrauung für Familien, die pflegebedürftiger Personen betreuen, vor (Siehe Gesetz 328/2000 Art. 16 d-f). Auch in diesem Fall wird somit die Verantwortung der Familie bei der Care-Work bestätigt und gefördert.

[83] Nach Franca van Hooren (2008:14) liegt der Mangel an politischer Aufmerksamkeit gegenüber einer langfristigen Fürsorge von älteren Menschen nicht nur an der Knappheit von finanziellen Ressourcen. Dafür gibt es laut der Autorin zwei mögliche Erklärungen: Erstens, diese Entwicklung könnte das Resultat der erwartungslosen Haltung der italienischen Bevölkerung

(2000:11) erklärt, ist der „familism", also die Zentralität der Familie, in dem Wohlfahrtsstaatssystem mit der katholischen Konzeption der Familie und der *Frauen* als primäre *caregivers* direkt verbunden. Es darf zudem nicht vergessen werden – wie die Autorin (van Hooren 2000:11) erklärt –, dass viele ehrenamtliche oder halböffentliche Fürsorgestrukturen (die auch oft von den lokalen oder regionalen Behörden beauftragt waren) katholische Einrichtungen waren. Im politischen Prozess – wie kurz bereits angedeutet – trug die Anwesenheit der katholischen Partei DC zur Aufrechterhaltung dieses Status Quo bei.

4.2.2 Die staatliche Fürsorge für ältere pflegebedürftige Menschen

Den beschriebenen politischen und rechtlichen Entwicklungen zufolge bleiben darum das ambulante Pflegeleistungssystem sowie das staatliche Angebot an Pflegeheimen weiterhin stark unterentwickelt, regionalisiert und für die Nutzer_innen unübersichtlich.[84] Nur zirka zwei bis drei Prozent (mit sichtbaren Unterschieden von Region zu Region) der Bevölkerung, die das 65. Lebensjahr überschritten haben, befinden sich in einem Alten- bzw. Pflegeheim, während von den (regional organisierten) ambulanten Pflegeleistungen in manchen Regionen drei Prozent und in anderen Regionen sechs-sieben Prozent der Bevölkerung profitieren (vgl. Da Roit/Sabatinelli 2013:434).[85] Bezüglich der ambulanten Pflegeleistungen sind diese meistens (und je nach

gegenüber dem Staat nach Jahrzehnten sehr geringem staatlichem Engagements sein. Eine zweite mögliche Erklärung wäre, dass die Familie beim Finden einer Lösung für das wachsende Problem der Pflege von älteren Menschen schneller als der Staat reagierte.

[84] Wie von den Interviews von Francesca Degiuli (2010:768) bestätigt, sind die Familien mit einem fragmentierten System und der damit verbundenen Schwierigkeit konfrontiert, sich ein klares Bild der staatlichen Hilfe zu machen.

[85] Die Autor_innen berufen sich auf Daten vom ISTAT aus dem Jahr 2010.

Region) auf kurzfristige Krankenpflege und Rehabilitation beschränkt (vgl. Da Roit/Sabatinelli 2013:434). [86]

Ganz unabhängig von den Sozialfürsorge- und Gesundheitssystemen wurde 1980 die *indennità di accompagnamento* eingeführt, ein Zuschuss in Form eines monatlichen Bargeldes. Ursprünglich war die *indennità di accompagnamento* nur für beeinträchtigte Erwachsene vorgesehen, sie wurde jedoch nach kurzer Zeit[87] auch auf abhängige, hilfsbedürftige, ältere Menschen erweitert (vgl. van Hooren 2008:12). Voraussetzung für den Erhalt dieses Geldes ist die Anerkennung des irreversiblen hohen Pflegebedürftigkeitsgrades (*100% invalidità*), d.h. die Notwendigkeit von ununterbrochener Betreuung (vgl. INPS 2014b). [88] Das Einkommensniveau des hilfsbedürftigen Menschen spielt dabei keine Rolle und der Zuschuss ist nicht ausgabengebunden (vgl. INPS 2014b). Die *indennità di accompagnamento* beträgt aktuell (2014) 504,07 Euro monatlich (vgl. Giacobini 2014), und stellt (unabsichtlich) das am meistenn verbreitete und wichtigste Hilfsmittel[89] für

---

[86] Im Allgemein sind die Versuche seit den 1970er Jahren, die Alten- und Pflegeheime mit der ambulanten Pflege zu Hause zu integrieren (und teilweise zu ersetzen) darauf hinausgelaufen, dass letztere – aufgrund der geringen finanziellen staatlichen Ressourcen – sich auf die Krankheitsbehandlung und –prävention (Körperpflege, Wundbehandlung, usw.) beschränkten. Andere Arbeiten wie Einkäufe tätigen oder aufräumen, wischen und ähnliche unterstützende Tätigkeiten wurden staatlich nicht übernommen. Der effektive Teil der Care-Work – wie „ein paar Worte wechseln" – wurde komplett ausgelassen. Gleichzeitig hat sich – wie der verbreitete Rückgriff auf die Lösung der häuslichen Pflegekräfte zeigt – dieses Dienstleistungsangebot als zu gering im Vergleich zur Nachfrage bzw. zum Bedarf erwiesen (vgl. Franzoni/Anconelli 2014:113f).

[87] Die Gesetzesänderung fand im Jahr 1988, durch das Gesetz 508/1988, statt (vgl. INPS 2014b).

[88] Genauere Voraussetzung für die *idennità di accompagnamento* ist die Unfähigkeit, ohne die ständige Hilfe eines_r Begleiters_in zu gehen, bzw. die Unfähigkeit, den Alltag ohne ständige Betreuung zu bewältigen (vgl. INPS 2014b).

[89] Die *indennità di accompagnamento* wird von zehn Prozent aller Menschen – mit italienischer Staatsbürgerschaft und erstem Wohnsitz in Italien oder aus EU-Ländern mit erstem Wohnsitz in Italien oder aus Nicht-EU-Ländern mit Wohnsitz in Italien – die das 65. Lebensjahr überschritten haben, bezogen (vgl. INPS 2014b, Da Roit/Sabatinelli 2013:434).

abhängige, ältere Menschen dar (vgl. Da Roit/Sabatinelli 2013:434). Dieses Pflegegeld – besonders angesichts seiner Höhe und der Tatsache, dass es nicht ausgabengebunden ist – gilt als besonders großzügig innerhalb des europäischen Raumes (Betttio et al. 2006:272; van Hooren 2008:13).

Zusätzlich zu diesem monatlichen staatlichen Zuschuss sehen einige Regionen weitere (finanzielle) Hilfen vor, unter denen die *assegno di cura* und die *voucher*[90] als die wichtigsten gelten.[91] Diese sind jedoch vermögensabhängig und generell niedriger als die *indennità di accompagnamento* (vgl. Beltrametti 2014; Bettio et al. 2006:272). Zudem werden sie meistens nur nach der Erfüllung sehr selektiver Kriterien ausgezahlt, die sich je nach Kommunalverwaltung stark unterscheiden (vgl. Bettio et al. 2006:272; Naldini/Saraceno 2008:742f; Simonazzi 2008:222f).

Schließlich soll auch nicht vergessen werden, dass in Italien ein von vielen Autor_innen (u.a. van Hooren 2008; Da Roit 2007; Bettio et al. 2006:272) als „großzügig" definiertes Rentensystem vorhanden ist, da Italien innerhalb der OECD-Länder die höchsten Ausgaben für Renten im Verhältnis zum Bruttoinlandsprodukt hat (vgl. Da Roit/Sabatinelli 2013:443; Franzoni/Anconelli 2014:110).[92]

---

[90] Die *Voucher* funktionieren wie Gutscheine und sorgen dafür, dass die hilfsbedürftigen, älteren Menschen Zugang zu den Dienstleitungen bekommen, die zu ihren Bedürfnissen passen (vgl. Beltrametti 2013: 191). Für eine Übersicht siehe Beltrametti 2013.

[91] Wie Chiara Saraceno und Manuela Naldini (2001:265) erklären, stellt die *assegno di cura* ein Beispiel des Wechsels der öffentlichen Leistungen von Dienstleistungen zu finanziellen Hilfsmitteln dar. Für eine aktuelle Übersicht über die regionale Systeme siehe Rusmini (2013).

[92] Zudem gewährleistet Italien kostenlosen bzw. kostengünstigen Zugang zur nationalen medizinischen Behandlung (vgl. Franzoni/Anconelli 2014:50). Mit dem Gesetz 833/1978 wurde der staatliche öffentliche Gesundheitsdienst eingeführt (legge 833/1978 *Istituzione del servizio sanitario nazionale*), der Grundrecht auf den Schutz der Gesundheit als leitendes Prinzip hatte. Auch wenn die Idee dahinter war, dass ein solches Recht einheitlich auf dem ganzen italienischen Territorium gewährleistet werden sollte, kamen die Mittel, um das zu realisieren, jedoch von den Regionen, während der Staat Koordinierungs- und Netzwerkaufgaben übernahm (vgl. Franzoni/Anconelli 2014:41ff).

Was den Privatmarkt betrifft, ist Italien – wie andere Mittelmeer-
länder – durch einen Mangel an Alten- und Pflegeheimen charakterisiert (Simonazzi 2008:222ff). Wie auch einige Interviewte von Francesca Degiuli (2010:767) erklärten, stellen besonders die privaten
(jedoch auch die staatliche oder halbstaatlichen) Pflegeheime eine
teure Lösung dar, die darum nur für Familien der oberen Mittelschicht
zugänglich ist (vgl. Bettio et al. 2006:278). Ein Platz in einem privaten
Altenheim für eine verhältnismäßig unabhängige Person lag 2010
zwischen 1.100 Euro und 1.200 Euro (vgl. Degiuli 2010:766f), [93] es
können aber auch bis zu 2.000 Euro erreicht werden. Laut aktuelleren
Einschätzungen liegen die durchschnittlichen Kosten bei 1.400/1.500
Euro, während die teuren Einrichtungen bis zu 3.000 Euro verlangen
(vgl. Montemurro 2011:16). Im Gegensatz dazu hat sich seit den
1980er Jahren, jedoch stärker seit Ende der 1990er, eine private Grau-
zone von Care-Workers entwickelt (vgl. Bettio et al. 2006:276ff; van
Hooren 2010:23). Ihre Anzahl betrug in den 1970ern Jahren durchschnittlich etwas mehr als 100.000, wobei diese Angabe zwischen
Babysitter, Haushalts- und Pflegekräften nicht unterscheidet (vgl. van
Hooren 2010:23f). Anfang der 1990er Jahren war die offizielle Anzahl
mehr als doppelt so hoch, bis 2006 war ihre offizielle Anzahl unter
einer halben Million. Zwei Jahren später lag sie bei knapp 700.000
(vgl. INPS 2014c; van Hooren 2010:23f). Die offizielle Anzahl hat
dann bis 2009 beachtlich (plus knapp 200.000) zugenommen und ist
ab diesem Zeitpunkt – mit Ausnahme des Jahres 2012 – wieder zurückgegangen (siehe Anhang 2). Aktuell (2013) gibt es offiziell
944.634 häusliche Hilfskräfte, wobei die Mehrheit davon einen Vertrag als Pflegekraft abgeschlossen hat (vgl. INPS 2014c). Die Zahl der
Care-Workers – unabhängig davon, ob sie einen Vertrag haben oder
nicht – hat laut Censis (2014a) die 1,5 Millionen erreicht. Die Num-
mer der Migrant_innen unter diesen Care-Workers hat einen schwin-
delerregenden Anstieg erlebt (von etwas mehr als fünf Prozent in den
1970er Jahren auf bis zu zirka 80 Prozent am Ende der 2000er) (vgl.

---

[93] Diese Daten gehen auf das Jahr 2006 zurück (vgl. Degiuli 2010:767).

act!onaid 2014:37; van Hooren 2010:24).[94] Viele davon arbeiten ohne einen (regulären) Vertrag (vgl. Da Roit/Sabatinelli 2013:435,446). Die Kosten einer *badante* variieren je nachdem, ob sie regelmäßig oder nicht (bzw. ohne Visum und Vertrag) angestellt sind und belaufen sich auf durchschnittlich etwa 700 Euro pro Monat, wenn sie (wie das meistens der Fall ist) unter dem gleichen Dach mit dem zu pflegenden Menschen wohnen (vgl. Census 2014a).[95] Laut einer aktuellen Studie, finanziert von Acli Colf/Acli Patronato/Iref (2014), bestehen jedoch große regionale Unterschiede[96] und die Arbeitsbedingungen scheinen sich langsam zu verschlechtern, wobei der durchschnittliche Stundenlohn bei 4 Euro liegt.

1958 wurde das erste und weiterhin einschlägige Gesetz für die häusliche Arbeit verabschiedet. Diese Arbeit wurde jedoch bis 1974 von den Tarifvertragsverhandlungen ausgeschlossen. Der erste nationale Kollektivarbeitsvertrag[97] (*contratto collettivo nazionale di lavoro sulla disciplina del rapporto di lavoro domestico*) wurde somit 1974 eingeführt, dieser wurde 2013 das letzte Mal aktualisiert und kann von den Familien aus dem Internet heruntergeladen werden (vgl. Sarti 2013: 29ff; Stranieri in Italia 2014a). Dieser Vertrag bestimmt die Kategorien von Care-Arbeiter_innen nach Aufgaben und somit je nach den dafür benötigten Qualifikationen und entsprechenden Lohnstaffelungen. Der Mindestlohn ist je nach Kategorien festgelegt und ist für eine_n zusammenwohnende_n Arbeiter_in, die tagsüber eine ab-

---

[94] Der Anteil an Migrant_innen unter den registrierten Care-Workers ist von 5,6 Prozent in den 1970er Jahren auf 77,7 Prozent im Jahr 2007 gestiegen (vgl. van Hooren 2010:24).

[95] Laut Degiuli (2010:767), die sich auf Daten von 2006 beruft, schwanken die Kosten stark von zirka 450 Euro für Arbeiter_innen ohne Visum und Arbeitsvertrag bis zu 1.500 Euro für regularisierten Arbeiter_innen.

[96] In Norditalien werden durchschnittlich höhere Löhne als in Süditalien gezahlt. So lauten die ersten Resultate der Recherche „Viaggio nel lavoro di Cura" von Acli Colf/Acli Patronato/Iref (2014). Einer häuslichen Rund-um-die-Uhr-Pflegekraft werden durchschnittlich in Treviso oder Trieste monatlich 850 bis 900 Euro bezahlt, während in Foggia ihr Lohn bei 500 Euro liegt und in Neapel auf bis zu 350 Euro pro Monat sinken kann.

[97] Der aktuelle Nationalvertrag („contratto collettivo nazionale di lavoro sulla disciplina del rapporto di lavoro domestico") wurde Anfang Juli 2013 unterschrieben und wird bis Ende 2016 gültig sein (vgl. Cnel 2014).

hängige Person betreut und pflegt 950,25 Euro bzw. 1.173,83 Euro. Einer Person, die auch nachts für Betreuungs- und Unterstützungsdienste für abhängige Personen zur Verfügung steht, sollen – je nach Qualifikation – mindestens 1.092,78 Euro bzw. 1.349,92 Euro bezahlt werden (vgl. Ministero del Lavoro e delle Politiche Sociali 2014). Ein 24 Stunden betreuungsbedürftiger Verwandter kostet die Familie – wenn diese sich für die reguläre Einstellung eines_r Care-Arbeiters_in entscheidet – über 2000 Euro. Aus der Diskrepanz zwischen dieser Summe und dem von den Statistiken genannten durchschnittlichen Gehalt kann geschlossen werden, dass viele der eingestellten Care-Workers ohne (regulären) Vertrag arbeiten. Obwohl auf regionaler Ebene sogenannte „Sportelli badanti" aufgemacht wurden, um die Suche nach einem Care-Worker zu erleichtern und den Vertragsabschluss zu steuern, werden diese nur in geringem Maße genutzt. Die Lösung der illegalen Arbeit wird – besonders, wenn die Regionen keine „ausreichende" Gegenleistung für die reguläre Einstellung einer Pflegekraft vorsehen,[98] am häufigsten gewählt (vgl. Rusmini 2013:164ff). Neben zahlreichen Agenturen und dem informellen Weitersagen spielen (ehrenamtliche) katholische Einrichtungen als Kontrapunkt und Vermittlungsnetzwerk[99] zudem eine wichtige Rolle (vgl. Bettio et al. 2006:276; Scrinzi 2008:36ff). Dies zeigen auch die Interviews von Degiuli (2010:770).

---

[98] Für eine Übersicht unterschiedlicher regionaler Herangehensweisen und entsprechender Verbesserungsvorschläge siehe Rusmini 2013.

[99] Über die Rolle von den „Agents" in den Vermittlungsprozessen von Care-Arbeiter_innen von Polen nach Italien und Deutschland siehe Elrick und Lewandowska (2008). Die Autor_innen zeigen, dass migrierte Arbeitsuchende sehr von diesen Akteuren abhängen.

4.3 Fazit: Ein familienzentriertes Care-Regime

Aufgrund der dargelegten Faktoren haben viele Autor_innen (Bettio et. al. 2006; Simonazzi 2008; 2009; van Hooren 2008) Italien dem Mittelmeer-Care-Modell zugeordnet. Wie bereits Esping-Anderson erläutert hatte, hängt die Organisation des Care-Systems von der unterschiedlichen Kombination aus drei Faktoren ab: Staat, Familie und Markt. In Italien – wie in anderen Mittelmeerländern – besteht kein Gleichgewicht zwischen diesen drei Faktoren, da der Familie die dominierende Rolle eingeräumt wird, während der Staat eher eine subsidiäre Funktion ausübt. Einerseits spielt die Familie gesellschaftlich eine primäre Rolle, welche auch normativ untermauert wird. Die intergenerationale Solidarität wird auf ein Netzwerk von Verwandtschaften gebaut, das, selbst wenn es mittlerweile flexibler geworden ist, immer noch als Unterstützungs- und Umverteilungsstruktur funktioniert. Dementsprechend wird die Care-Work und besonders die Pflege und Betreuung von älteren Menschen gesellschaftlich idealerweise als (*weibliche*) Familienangelegenheit (*un affare di famiglia*) angesehen. Pflege- und Altersheime werden im Gegensatz dazu als letzte Option wahrgenommen und stehen in der normativen Bewertungsskala für die Care am entgegengesetzten Ende gegenüber der häuslichen Betreuung. Ihre Unbeliebtheit ist nicht nur diskursiv erzeugt, sondern wird auch durch schlechte Erfahrungen (re)produziert.

Anderseits ist die Familie nicht nur daran gewöhnt, sich um die Care von älteren Familienangehörigen kümmern zu sollen, sondern auch zu müssen. Die intergenerationale Solidarität ist nicht nur im Zivilgesetzbuch verankert, sie ist auch durch die beschriebenen Entscheidungen auf der politischen Ebene manifestiert. Die wiederholten Versuche, das staatliche Fürsorgesystem auszubauen, sind im Sande verlaufen und haben an dem Mangel an ambulanten Pflegeleistungen sowie an Pflege- und Altersheimen nichts Wesentliches verändert. Eine Umwandlung des Care-Systems wurde auch nicht ernsthaft beabsichtigt. Die gefahrene Politik ist für die Unzulänglichkeit der Mittel gegenüber den veränderten Zuständen und vor allem hinsichtlich des in Italien am stärksten aufgetretenen Alterungsprozesses im europäischen Raum einzigartig.[100] Dies stellt die Familie auf eine harte Probe: Sie steht im Mittelpunkt des Wohlfahrtsstaatssystems und ist die Säule der Fürsorge von älteren Menschen. Die staatlichen Interventionen erweisen sich mangelhaft, fragmentiert und regionalisiert. Es ergibt sich also ein inkohärentes Bild, das für die Adressat_innen der Dienstleistungen schwer zu begreifen und zu nutzen ist und sich für den oft plötzlich entstandenen Bedarf an Care nicht eignet. Die wichtigste staatliche Leistung besteht aus zumindest drei unterschiedlichen finanziellen Hilfsmitteln (die bereits genannten *indennità di accompagnamento, assegno di cura/ voucher* und die Rente), welche – abgesehen von den *voucher* – nicht ausgabengebunden sind. Italien zeichnet sich gerade auch für die Großzügigkeit des Rentensystems und der Pflegegelder aus. Damit übergibt sie an die Familien die finanziellen Mittel, um sich um die Care von ihren älteren Familienangehörigen zu kümmern. Die Art und Weise, wie dies geschehen soll, ist somit den Familien fast komplett überlassen. Infolgedessen haben sich die Familien selber eine Lösung – die Einstellung eines_r Care-Arbeiters_in – gesucht. Der Staat hat diese Entwicklung durch das Zur-Verfügung-Stellen der staatlichen Mittel begünstigt. Die Suche nach einem Care-Worker wird jedoch nicht staatlich gesteuert: Auch in diesem Fall überlässt er der Familie die ganze Verantwortung. Als Antwort auf die somit veränderte Situation stellt der Staat einen Vertrag zur Verfügung, den die Familien für die Einstellung eines_r Care-Arbeiters_in Zuhause verwenden sollen. Dies hat zur Folge, dass die Familien selbst zu Arbeitgeber*innen* werden und somit die Verantwortung für die Organisation der Pflege und Betreuung ihrer älteren Verwandten tragen. Der Vertrag legt Mindestlöhne und Kategorien fest, von denen anzunehmen ist, dass die Familien sich nicht daran halten.

Was das dritte Element des Dreiecksverhältnisses „Staat-Familie-Markt" betrifft, ist Italien vom Ungleichgewicht zugunsten der meistens migrierenden Care-Arbeiter_innen gekennzeichnet. Das Angebot an privaten Strukturen für ältere Menschen stellt eine Lösung dar, die – wenn gewollt – nur für wenige, wohlhabende Familien überhaupt zugänglich ist. Im Gegensatz dazu verkörpern (migrierte) Care-Arbeiter_innen nicht nur die kostengünstigste Antwort des privaten Marktes, sondern auch das passende Puzzleteil für das italienische Dreieckssystem „Staat-Familie-Markt". Sie ermöglichen, das norma-

---

[100] Siehe u.a. Franca van Hooren (2008:13).

tiv und gesellschaftlich verankerte Ideal der häuslichen Pflege aufrechtzuerhalten, wobei die Familie als Arbeitgeberin ihre vorwiegend primäre Rolle beibehält. Zudem stellen sie für viele auch den einzigen finanziell möglichen Ausweg aus dem *care deficit* dar. Anderseits erlauben sie der Politik, den Status Quo zu behalten und sich nicht um den langfristigen Um- und Aufbau des Care-Systems kümmern zu müssen und aktiv zu werden. Schließlich tragen sie auch zur Aufrechterhaltung eines katholischen Modells der Familie bei, das dadurch in Italien normativ und politisch untermauert wird.

Die Wechselbeziehung zwischen normativer Ebene einerseits – die die primäre Rolle der Familie vorschreibt – und institutioneller Ebene anderseits – die auf die Familiarisierung und Privatisierung der Care abzielt – welche durch das Konzept von Regime theoretisiert wurde, kann am Beispiel der Care von älteren Menschen besonders deutlich erkannt werden. Die italienische staatliche Organisation der Care beruht auf der normativ bedingten Rolle der Familie und setzt keine Mittel ein, um die Zentralität der Familie in Frage zu stellen, ganz im Gegenteil. Das Resultat ist die Aufrechterhaltung eines familienzentrierten Care-Regimes.

5. MIGRATIONSREGIME IN ITALIEN

*„How is it possible that a law, which carries the name of one of
the most anti-immigrant politicians in Italy, allowed for the regulari-
sation of such a large amount of migrant domestic and care workers?"*
[van Hooren 2008:16]

5.1. Diskurse, Normen und Praxen über Migration

5.1.1 Vom Auswanderungs- zum Einwanderungsland

Bis in die 1980er Jahre ist Italien vor allem ein Auswanderungsland gewesen (vgl. van Hooren 2008:14; van Hooren 2010:25).[101] Ab
diesem Zeitpunkt wurde Italien jedoch aufgrund seiner geographi-
schen Lage immer häufiger zum Ziel von zunehmenden Migrationswellen – bis schließlich Italien in den 2000er Jahren zu einem der
zentralen Empfangsländer von Migrant_innen innerhalb Europas wurde (vgl. van Hooren 2010:25). Zunächst – in den 1980er Jahren –
wurde das Phänomen der Migration nach Italien nur sporadisch in den
öffentlichen und politischen Debatten thematisiert,[102] so dass in der

---

[101] Bis dahin war die Zahl der Bürger_innen mit italienischem Pass, die außerhalb Italiens wohnten, höher als die Zahl der Migrant_innen auf italienischem Territorium (vgl. Einaudi 2007:101).

[102] Bis zu den Jahren 1977-78 fand in Italien jedoch keine öffentliche Debatte auf nationaler Ebene über das neue Phänomen der Migration statt, während
gleichzeitig die ersten rassistischen Äußerungen seitens einiger Medien auf-
kamen. In diesem Kontext, in dem die Politik keine einheitliche Antwort auf
die Einwanderung von Migrant_innen aus dem „Süden" der Welt anbot,

ersten Migrationswellenphase hauptsächlich christlich-universalistische Diskurse dominant waren. Die Meinungen der italienischen Bevölkerung blieben insgesamt[103] sehr vielfältig und sprachen sich weder für den verbreiteten rassistischen Hintergrund aus noch zeichnete sie eine ausgeprägte Offenheit aus (vgl. Einaudi 2007:112f;134f).

Die Situation veränderte sich am Anfang der 1990er Jahre, als zusätzlich zu den Einwanderungswellen aus Ost-Europa[104] und aus dem nord-afrikanischen Kontinent auch die ersten Migrationswellen in Folge des Krieges im damaligen Jugoslawien anfingen (Einaudi 2007:133ff). Die Verbreitung von Entrüstung und Unzufriedenheit gegenüber der Präsenz von illegalisierten Migrant_innen spiegelte sich in den 1990er Jahren u.a.[105] in der Zunahme der Beliebtheit von Parteien wie der Lega Nord (zehn Prozent der Wahlstimmen 1996)[106],

---

wurden die Gewerkschaften zusammen mit katholischen (karitativen) Organisationen – besonders der Caritas – schnell nicht nur zu den wichtigsten Anlaufstellen und Hilfsorganisationen, sondern auch zu Monitoringakteuren für Migrant_innen in Italien (vgl. Einaudi 2007:109ff). Laut Einaudi (2007:112) verstanden die Gewerkschaften sehr früh, dass die Migrant_innen langfristig in Italien geblieben wären und versuchten zu vermeiden, dass sich die Präsenz von unterbezahlten und nicht versicherten illegalisierten Menschen vermehrt. Dies hätte zum einen die Arbeiter_innen mit italienischem Pass benachteiligen und zum anderen die internationale Solidarität unterminieren können.

[103] Ende der 1980er Jahre traten die ersten fremdenfeindlichen Vorfälle auf. Dies waren die ersten rassistischen Übergriffe, über die medial in Italien berichtet wurde. Migrant_innenfeindliche Parteien wie Lega Nord, Liga veneta und Union piementeisa betraten die politische Bühne (vgl. Einaudi 2007:133f).

[104] Diese erfolgten nach dem Zerfall der Sowjetunion (vgl. Einaudi 2007:133f).

[105] Auch auf lokaler Ebene hatten die Bürgermeister_innen Schwierigkeiten, die Unzufriedenheit der Bürger_innen gegenüber der Mikrokriminalität gegenüber Migrant_innen einzudämmen (vgl. Einaudi 2007:188).

[106] Das ist zwar sehr viel, wenn man aber die Tatsache berücksichtigt, dass die Lega Nord die Spaltung Italiens befürwortete und die Existenz eines pseudo-historischen, unabhängigen Landes – die sogenannte „Padania" – beansprucht, verkleinert das die tatsächliche Wählerschaft (vgl. Einaudi

die Mitte der 1990er aufgrund der Zunahme von xenophoben Aussa-gen[107] auffielen, wider (vgl. Einaudi 2007:188; 1995ff). Die Anwe-senheit einer Migrant_innenfeindlichen Haltung eines bedeutenden Teils der italienischen Bevölkerung wurde im Laufe der 1990er Jahre immer wieder durch Bilder von Schiffslandungen voller Menschen aus Albanien und aus dem Mittelmeer gefüttert (Einaudi 2007:228ff). In dieser Zeit erwiesen sich gerade rassistische Aussagen wie „die Migranten, die ertrinken, verschmutzen das Gewässer von Lampedusa"[108] (Mario Borghezio) oder „wir könnten die Nicht-EU-Angehörigen wie Hasen ankleiden, damit die Jäger üben können ... Pam, pam pam!"[109] (Giancarlo Gentilini). Dies nur als Beispiel einiger der wichtigsten Vertreter_innen der Lega Nord, die besonders öffent-lichkeitswirksam waren (vgl. Einaudi 2007:295ff). Die Propaganda von rechten Parteien wetterte dann Ende der 1990er langsam verstärkt

---

2007:197; 294). Die Wählerschaft der Lega Nord war daher fast ausschließ-lich auf den Norden Italiens beschränkt.

[107] Viele dieser rassistischen Aussagen wurden 1995 vor allem von den Poli-tikern der Lega Nord, Mario Borgezio und Erminio Boso, verlautbart. Diese sagten u.a.: „die italienische weiße Rasse ist dabei auszusterben und die schwarze Rasse besitzt ihren Platz" (Übers. d. Verf.in: „la razza bianca italiana si sta progressivamente estinguendo e la razza nera ne occupa il pos-to"). Boso schlug u.a. vor, die Zehenabdrücke von Einwanderern zu nehmen, um ihre Ethnien zurückzuverfolgen und die Migrant_innen mit Militärflug-zeugen abzuschieben, da sonst die Stewardessen der Vergewaltigungsgefahr ausgesetzt worden wären. Borgezio erklärte, die Polizei solle mit Gummige-schossen ausgestattet werden, um die Kriminalität der Nicht-EU-Angehörigen zu bekämpfen (Einaudi 2007:195f).

[108] Übers. d. Verf.in (Originaltext: „Gli immigrati che annegano inquinano le acque di Lampedusa"). Umberto Bossi sagte „gegen die illegalen Einwande-rer will ich Kanonendonner hören" (Übers. der Autorin. Originaltext: „contro i clandestini voglio sentire il rombo die cannoni"). Es sind mehrere Samm-lungen dieser Aussage verfügbar, die verwendeten Zitate stammen aus Canestrini (2010).

[109] Übers. d. Verf.in (Originaltext: „per far esercitare i cacciatori potremmo vestire da leprotti gli extracomunitari ... Pam, pam, pam!"). Giancarlo Genti-lini, Bürgermeister von Treviso, wurde für eine Reihe rassistischer Aussagen wie „wir sollen diese Leute mit Fußketten ausstatten und an den Deichen der Piave befestigen lassen" (Übers. d. Verf.in, „dobbiamo far rinforzare gli argini del Piave a questa gente con le catene ai piedi") bekannt (vgl. Cane-strini 2010).

– und besonders nach dem 11. September 2001 – gegen die Islamgefahr. Dabei wurden sie unterstützt von einigen Journalist_innen, Autor_innen[110] und konservativen Figuren der katholischen Kirche[111] (vgl. Einaudi 2007:298ff). Gleichzeitig schien sich jedoch die Akzeptanz gegenüber den Migrant_innen – laut mehreren Statistiken – auf der Schwelle zu den 2000er Jahren verbreitet zu haben. Doch gerade zu diesem Zeitpunkt (2001) gewann die von Berlusconi geführte Mitte-Rechts-Koalition die Regierungswahlen, an welcher die Lega Nord beteiligt war und welche die rassistischen Ressentiments der Bevölkerung gegen Migrant_innen als Steckenpferd für ihre Wahlkampagne nutzte (vgl. van Hooren 2008:16).[112]

Rassistische Meinungen und Äußerungen scheinen heutzutage – von der ökonomischen Krise verstärkt – weiterhin in der italienischen Gesellschaft verbreitet zu sein, wie mehrere aktuelle Studien (u.a. Ambrosini 2010:75; Baussano 2014; Baussano/Formicola 2014; Censis 2014b; van Hooren 2008:16) zeigen. Indifferenz und Misstrauen dominieren, im Gegenteil zu der Offenheit, die nur wenige Bür-

---

[110] Unter diesem vor allem Oriana Fallaci, weltweit bekannte Autorin und Journalistin, und der Politologe Giovanni Sartori. Siehe auch Einaudi 2007:302ff; 350ff.

[111] U.a. der Kardinal von Bologna Giacomo Biffi, der die bevorzugte Einwanderung von katholischen Migrant_innen befürwortete (vgl. Einaudi 2007:299).

[112] Interessanterweise hatte Italien inzwischen (im Zeitraum 2013-2014) die erste *schwarze* Ministerin, Cécile Kyenge, Ministerin für die Integration. Das Ministerium wurde jedoch 2014 abgeschafft (vgl. Buzzanca 2014). Die rassistischen Äußerungen gegen die Ministerin waren unzählig (für eine Auflistung siehe NonLeggerlo 2014) und wurden auch von der ausländischen Presse (u.a. El País, Le Monde, Die Tageszeitung, The Guardian) berichtet (vgl. u.a. Davies 2013; Le Monde.fr 2013; Ordaz 2013; taz.de 2013) und von der UNO stark kritisiert (vgl. UN News Centre 2013). Bekannt ist vor allem die Aussage des prominenten Politikers Calderoli der Partei Lega Nord gegenüber der Ministerin: Cécile Kyenge erinnere ihn an einen Orang-Utan. Diesem Ausspruch folgte einige Wochen später ein Bananenwurf gegen die Ministerin seitens Unbekannten bei einer öffentlichen Veranstaltung (vgl. taz 2014).

ger_innen gegenüber der Zuwanderung von Migrant_innen empfinden.[113]

5.1.2 Diskursproduktion über die „badanti "

Rassistische und diskriminierende Verhalten konzentrierten sich zunehmend gegen diejenigen, die als offensichtliche Träger_innen einer *anderen* Religion, Hautfarbe und Kultur angesehen wurden und im Besonderen gegen Muslime und Roma/Sinti (vgl. Baussano 2014; Baussano/Formicola 2014; Einaudi 2007:294ff;346ff). Die von Calligari Galli und Riccio geführten Interviews mit Migrant_innen, Hausangestellten und häuslichen Care-Arbeiter_innen bestätigen, dass die Hautfarbe und Religion eine wichtige Rolle spielen,[114] so dasssich z.B. Menschen aus osteuropäischen Ländern und der ehemaligen Sowjetunion seltener Diskriminierungen ausgesetzt fühlen als Migrant_innen aus Albanien, Rumänien oder (Nord)Afrika (vgl. Callari Galli 2004:46f; Riccio 2004:96f).

Im Gegensatz dazu wurden und werden Hausangestellte und Care-Arbeiter_innen mit einer Migrationsgeschichte – in erster Linie von Medien – vor allem als fleißige, katholische *Frauen* hochstilisiert (vgl. van Hooren 2010:32). Sie werden daher weder als Kriminelle noch als Bedrohung für die Gesellschaft wahrgenommen – im Gegensatz zu Muslimen und zu *männlichen* Migranten (van Hooren 2010:32). Zum Stereotyp der „ungefährlichen katholischen *Frau*" und zu positiven

---

[113] Censis (2014b) titelt "Sind wir dabei, rassistisch zu werden?". Laut der Studie haben nur 17,2 Prozent der Interviewten eine positive und verständnisvolle Haltung gegenüber Migrant_innen, während die Mehrheit eher Misstrauen (60,1 Prozent), Indifferenz (15,8 Prozent) oder offensichtliche Feindlichkeit (6,9 Prozent) ihnen gegenüber empfindet. 65,2 Prozent denken, dass die Migrant_innen zu viele sind.

[114] Um diese Diskriminierungsformen zu bekämpfen, hat z.B. der Verein „Nosotras onlus" in Zusammenarbeit mit UNAR – das nationale Büro gegen rassistischen Diskriminierungen – einen Werbespot produziert: „Il lavoro di cura non è un film" (vgl. Nosotras Onlus 2014).

Gefühlen ihnen gegenüber trug u.a. die Tatsache bei, dass viele dieser Arbeiter_innen bei der Arbeitssuche durch Kirchen oder katholische Netzwerke (wie Acli Colf[115]) vermittelt wurden (vgl. Näre 2013:607; Scrinzi 2008:38) und – wie beispielweise auf dem Internetportal „colfebadantionline.it"[116] zu lesen ist, sowie Aclicolf in einem Interview mit Franca van Hooren bestätigt – als Unterstützung für die Funktionsweise der Familie (vgl. Stranieri in Italia 2014c) dienen.

Seitens der Politik kam auch keine negative Äußerung gegenüber *colf* und *badanti*, im Gegenteil (vgl. van Hooren 2008:17f). Der damalige Minister Giovanardi erklärte im Jahr 2009 in Bezug auf den Gesetzentwurf für die Regularisierung der *badanti* öffentlich: „eine Sache sind die *colf* und die *badanti* und eine Sache sind die Dealer oder diejenigen, die soziale Unruhe verursachen. Wir müssen uns um die Besorgnisse der italienischen Familien kümmern"(La Repubblica.it 2009, Übers. der Autorin). [117] Die positive Haltung gegenüber diesen Migrant_innen ist bis heute von der politischen Ausrichtung der jeweiligen Parteien unabhängig und läuft quer durch alle politischen Reihen (vgl. van Hooren 2008:18; 2010:30f).

---

[115] Laut Scrinzi (2008:36) ist Acli Colf die wichtigste Organisation von Hausangestellten und *badanti* auf nationaler Ebene. Acli Colf ist eine katholische Organisation und wurde 1948 gegründet, also bevor Italien zu einem Einwanderungsland wurde. Acli Colf beeinflusste stark die Gesetzgebung und Gesetzproduktion der Hausangestellten/Migrant_innen (vgl. Scrinzi 2008:36).

[116] colfebadantionline.it ist ein Internetportal von stranieriinitalia.it. Die Webseite eines Verlags, der sich zum Ziel gesetzt hat, die Lücke von zugänglichen und verständlichen Informationen über die Gesetzgebung bzgl. Migrant_innen zu schließen. Das Portal bietet auch einen breiten Überblick über die Reglementierung von bezahlter Hausarbeit und häuslicher Care-Arbeit (vgl. Stranieri in Italia 2014b).

[117] Übers. d. Verf.in (Originaltext: "Un conto sono le colf e le badanti e un conto sono gli spacciatori o coloro che creano allarme sociale. Dobbiamo farci carico delle preoccupazioni delle famiglie italiane") (La Repubblica 2009).

5.2 Migrationspolitik und rechtliche Regulierungen

5.2.1 Die Migrationspolitik Italiens

Das erste Gesetz zur Regulierung der Migration in Italien wurde 1986 erlassen. Wie Giovanna Zincone erklärt, betrachtete das Gesetz Migrant_innen grundsätzlich als Gastarbeiter_innen[118] und dessen Ziel war, die Konkurrenz von Nicht-EU-Arbeiter_innen auf dem Arbeitsmarkt gegenüber den einheimischen Arbeitskräften zu vermeiden (vgl. Zincone 2014:18). [119] Das Gesetz legte also eine Obergrenze für die Zahl der Migrant_innen fest, die nach Italien einwandern durften, und gleichzeitig sah es die erste und einmalige Legalisierung (Amnestie) von 105.312 Menschen vor, die sich zu diesem Zeitpunkt ohne Aufenthaltserlaubnis in Italien befanden (vgl. Veikou/Triandafyllidou 2001:65; Zincone 2014:19f). Das Gesetz er-

---

[118] Dass das Gesetz die Migrant_innen als Arbeiter_innen betrachtet, ist bereits aus dem Namen herauszulesen: Gesetz 943/1986 „Norme in materia di collocamento e di trattamento dei lavoratori extracomunitari immigrati e contro le immigrazioni clandestine" (Normen hinsichtlich der Arbeitsvermittlung sowie der Stellung eingewanderter Arbeitnehmer aus Nicht-EG-Staaten und gegen die klandestine Immigration. Übers. vom Michael Braun 1994:14) (vgl. Legge 30 Dicembre 1986 n. 943).

[119] Artikel 1 des Gesetzes schrieb vor, dass italienische und EU-Arbeiter_innen bevorzugt werden sollten (vgl. Zincone 2014:19), wobei auch festgelegt wurde, dass Nicht-EU-Arbeiter_innen für den_die Arbeitgeber_in teurer waren, da für diese höhere Beitragszahlungen vorgesehen waren (vgl. Zincone 2014:19). Gleichzeitig waren die Migrant_innen, die dann eine Aufenthaltserlaubnis erhalten hatten, zumindest was z.B. den Zugang zu Wohlfahrtsstaatsleistungen betraf, mit den italienischen Arbeiter_innen gleichberechtigt. Das Gesetz – so Zincone (2014:19) – schien sehr großzügig zu sein, wobei in der Tat die Integrationsmaßnahmen (wie Sprachkurse), die vom Gesetz vorgesehen waren, nicht implementiert wurden, da keine finanzielle Mittel dafür zur Verfügung gestellt wurden.

reichte sein Ziel nicht, da die Abschreckungsmaßnahmen gegen die unerwünschte Einwanderung genau das Gegenteil bewirkten (vgl. Zincone 2014:19f). 1991 und 1995 wurden die zwei folgenden Gesetze (bzw. Dekrete) [120] erlassen, welche keinen wirklichen Kurswechsel in der bis dahin gefahrenen Migrationspolitik darstellten (vgl. Zincone 2014:20ff).[121] Beide Gesetze sahen jeweils eine Ex-post-Amnestie vor, aber die Zahl der somit ausgegebenen Aufenthaltserlaubnisse blieb sehr gering (van Hooren 2008:15). [122]

Zwei Gesetze, die 1998 und 2002 erlassen wurden, legten den Grundstein für die aktuelle Migrationspolitik. Das erste, das sogenannte *Legge Turco-Napolitano* (40/1998), wurde während der Mitte-Links-Regierung Prodis verkündet und verfolgte – u.a. unter dem Druck der Europäischen Union und besonders von Deutschland (vgl. Legge 6 Marzo 1998 n. 40; Zinconi 2014:25f) – eine strenge Politik gegenüber Migrant_innen ohne gültige Aufenthaltsgenehmigung. Dieses Gesetz schrieb auch die Einrichtung spezieller, temporärer Aufnahmezentren (*centri di permanenza temporanea, CPT*)[123] für die Identifizierung und Abschiebung illegalisierter Migrant_innen vor (vgl. Legge 6 Marzo 1998 n. 40; van Hooren 2008:15).[124] Das Gesetz führte zudem eine Quote für die Einwanderung von Arbeitsuchenden ein, die jährlich durch ein „Fluss-Dekret" (*decreto flussi*) festgelegt

---

[120] In chronologischer Reihenfolge die *Legge Martelli* (39/1990) (vgl. Legge 28 Febbraio 1990 n.39) und das *Decreto Dini* (489/1995) (vgl. Decreto-Legge 18 Novembre 1995 n.489).

[121] Das Gesetz aus dem Jahr 1995 (Decreto Dini) sah für illegalisierte Menschen/Kinder kostenlosen Zugang zu medizinischer Versorgung bzw. zu Einrichtungen wie z.B. Kindergarten und Schule vor. Diese Rechte wurden dann auch vom *Legge Turco-Napolitano* bestätigt (vgl. Zincone 2014:23ff).

[122] In den Jahren 1996 und 1997 wurde die Quote der Einwanderungserlaubnisse jeweils bei 23.000 und 20.000 festgelegt (vgl. Turchi/Romanelli 2013:29).

[123] Diese wurden im Jahr 2008 in „*centri di identificazione ed espulsione (CIE)*" (Identifikations- und Abschiebungszentren) umbenannt (vgl. Decreto-legge 23 Maggio 2008 n.92).

[124] Das *Legge Turco-Napolitano* kann als erstes Gesetz betrachtet werden, das die Migration als Dauerphänomen und die Migrant_innen als Individuen (und nicht ausschließlich als Arbeiter_innen) anerkannte (vgl. Zincone 2014:23ff).

werden sollte (vgl. van Hooren 2008:15). Im Oktober 1998 wurde schließlich – unter dem Druck von italienischen linksorientierten NGOs (wie ARCI) und katholischen Interessenvertretungsgruppen[125] – eine Anordnung eingeführt, die zur Legalisierung von 220.000 irregulären Migrant_innen führte (vgl. van Hooren 2008:15). 2002 wurde das Gesetz *Turco-Napolitano* durch das *Legge Bossi-Fini* reformiert. Das Gesetz, das den Namen von Umberto Bossi – dem Anführer der xenophoben Partei Lega Nord - und von Gianfranco Fini – dem damaligen Vorsitzenden der rechten Partei Alleanza Nazionale – trägt (vgl. van Hooren 2010:26), führte eine noch strengere Einwanderungspolitik ein als die *Legge Turco-Napolitano* (vgl. van Hooren 2008:15f). Es schrieb vor, dass die jährlich eingeführte Quote nicht für Arbeitsuchende, sondern nur für diejenige bestimmt war, die bereits einen Arbeitsvertrag mit einem_r italienischen Arbeitsgeber_in abgeschlossen hatten (vgl. Legge 30 luglio 2002 n. 189; van Hooren 2008:36). Abgesehen davon beschloss das Gesetz einen für das Care-System relevanten Punkt: Durch Art. 33 wird beschlossen, dass alle Bürger_innen, die in den drei Monaten vor dem Inkrafttreten des Gesetzes einen_e Haus- oder Pflegearbeiter_in aus nicht-europäischen Ländern zu Hause angestellt hatten, innerhalb von zwei Monaten einen Antrag für die Legalisierung dieser Person stellen können. Infolgedessen wurden 316.000 Care-Arbeiter_innen legalisiert. Diese waren die einzigen Arbeiter_innen, denen direkt vom Bossi-Fini Gesetz eine Ex-post-Legalisierungsmöglichkeit gegeben wurde (vgl. Legge 30 luglio 2002 n. 189; van Hooren 2008:16; 27). [126] Diese politische Entwicklung und besonders die Ex-post-Legalisierungen fanden u.a. auch aufgrund des Drucks und der Mobilisierung von katholischen Organi-

---

[125] Unter diesen GAIA (eine religionsübergreifende Diskussionsgruppe, bei welcher Acli, Pfadfinderorganisationen und evangelische Gruppen vertreten waren) und Caritas (vgl. van Hooren 2008:15).

[126] Die Legalisierung von Arbeiter_innen anderer Kategorien fand separat durch spätere Maßnahmen statt (Dekret 195/2002) (vgl. Zincone 2014:32). Laut Franca van Hooren und Luca Einaudi wollten die Namensgeber des Gesetzes – Bossi und Fini – nicht ein Gesetz unter ihren Namen erlassen, welches sie für die bisher größte Ex-post-Legalisierung von Migrant_innen verantwortlich machte (vgl. Einaudi 2007:318; van Hooren 2010:27).

sationen und Parteien[127] (CCD-CDU), linken Parteien, Gewerkschaften und Arbeitsgeber_innenorganisationen sowie nicht zuletzt durch den Druck der Betroffenen selbst statt (van Hooren 2010:26f; Zincone 2014:30ff). 2001 und 2002 fanden zwar zwei Demonstrationen für die Legalisierung der Care-Workers statt, an welchen vor allem ältere Menschen zusammen mit ihren *badanti* teilnahmen (van Hooren 2008:16). Das umstrittene Gesetz (*Legge Bossi-Fini*) ist nach wie vor in Kraft.[128]

Im Jahr 2009 wurde ein Sicherheitspaket (*pacchetto sicurezza*) der Berlusconi-Regierung erlassen, welches den Mangel einer gültigen Aufenthaltserlaubnis zu einer strafrechtlich zu verfolgenden Straftat (*reato di immigrazione clandestina*) machte (vgl. van Hooren 2010:29).[129] Infolgedessen fürchteten viele u.a. katholische Organisationen und Interessenvertretungsgruppen sowie die Gewerkschaftsbündnisse die Auswirkungen dieses Sicherheitspaketes auf die Situation vieler illegalisierter Care-Arbeiter_innen, die von den Familien zu Hause eingestellt waren (vgl. van Hooren 2010:29f). Sie übten darum Druck auf die Regierung aus, um eine Ex-post-Legalisierung von Hausangestellten und häuslichen Care-Arbeiter_innen zu erreichen (vgl. van Hooren 2010:30). Die Vertreter_innen der regierenden Partei Lega Nord positionierten sich stark gegen eine solche Legalisierung, da sie Missbrauchsfälle befürchteten. Vertreter_innen anderer regierender Parteien befürworteten hingegen eine Ex-post-Legalisierung nur für die *badanti* und nicht für alle anderen Kategorien von Hausangestellten (vgl. van Hooren 2010:30). Im Jahr 2009 landeten auf dem Tisch des Innenministeriums 294.744 Anträge (vgl.

---

[127] Damit sind die CCD (*Centro Cristiano Democratico*, Christdemokratisches Zentrum) und CDU (Cristiani Democratici Uniti, Union der Christdemokraten) gemeint (vgl. van Hooren 2010:26).

[128] Die Verfassungswidrigkeit des Gesetzes wurde in den letzten Jahren wiederholt geprüft. Infolge des Urteils des Gerichtshofs der Europäischen Union wurde Art. 14 (co5-ter equater t.u). abgeschafft. Seit dem Inkrafttreten war das Gesetz und seine Abschaffung mehrmals Objekt politischer und medialer Debatten. Für einen Überblick siehe Masera/Viganó (2013).

[129] Im April 2014 beschloss das Abgeordnetenhaus die Umwandlung dieser Straftat in eine Ordnungswidrigkeit (Gesetz 67/2014). Dementsprechend wird ein Verwaltungsstreitverfahren statt eines strafrechtlichen Verfahrens vorgesehen (vgl. Legge 28 Aprile 2014 n.67; Redazione Il Fatto Quotidiano 2014).

Ministero dell'Interno 2014a). 222.182 davon wurden bewilligt (vgl. Pasquinelli/Rusmini 2013:94). Wie viele wirklich als Hausangestellte oder *badanti* tätig waren, bleibt eine offene Frage.[130] Schließlich fand im Jahr 2012 die letzte Ex-post-Legalisierung statt – dieses Mal jedoch für alle Arbeitsbereiche. Es wurden 134.576 Anträge eingereicht, 86 Prozent davon für Hausangestellte und *badanti* (wobei auch in diesem Fall einige Unregelmäßigkeiten befürchtet werden) (vgl. Pasquinelli/Rusmini 2013:97f). Wie schon 2009 (vgl. Pasquinelli/Rusmini 2010:78ff; van Hooren 2010:34) waren die eingetroffene Anträge auch im Jahr 2012 viel weniger als erwartet (vgl. Pasquinelli/Rusmini 2013:97).

5.2.2 Das Quotensystem für Care-Arbeiter_innen

Von 1998 bis heute (2014) – mit Ausnahme der Jahre 2009 und 2010 – wurde jährlich ein *decreto flussi* erlassen. Die somit fixierte Quote von Arbeiter_innen aus nicht-europäischen Ländern, die nach Italien kommen durften, wurde jährlich bis 2006 erhöht und stieg von knapp 60.000 bis auf 550.000 im Jahr 2006[131] (vgl. Decreto del Presidente del Consiglio dei Ministri 25 Dicembre 2006; Turchi/Romanelli 2013:29). Die Quote ermöglichte die reguläre Ein-

---

[130] Einige Autor_innen behaupten, dass aufgrund der Herkunft vieler legalisierter Arbeiter_innen zu erwarten sei, dass diese womöglich nicht in dem Bereich häuslicher Pflege bzw. Haushalt tätig sind (vgl. Pasquinelli/Rusmini: 2013:94; Stuppini 2013:183).

[131] 1998 und 1999 wurde die jährliche Quote bei 58.000 Menschen festgelegt. In den folgenden zwei Jahren stieg diese aufgrund des Bedarfs an Arbeiter_innen auf 63.000 und 83.000 (vgl. Barbagli 2007:82f). Durch den Bossi-Fini Erlass wurden dann insgesamt 647.000 Arbeiter_innen (davon 316.000 Care-Workers) zusätzlich legalisiert, obwohl die Quote in den ersten Jahren der damaligen Berlusconi-Regierung (zwischen 2001 und 2005) niedrig gehalten wurde (vgl. van Hooren 2010:27). Schließlich sind die Jahre 2006, 2007 und 2008 von höheren Quoten gekennzeichnet (vgl. Turchi/Romanelli 2013:29).

wanderung einer viel niedrigeren Anzahl von Arbeiter_innen, als tatsächlich notwendig gewesen wäre (vgl. Näre 2013:607; Turchi/Romanelli 2013:29; van Hooren 2010:27). Bemerkenswert ist die Tatsache, dass eine spezielle Quote für Hausangestellte bzw. häusliche Pflegekräfte im Jahr 2005 unter der Berlusconi-Regierung (Zentrum-Rechts-Koalition, von der auch die Lega Nord Teil war) eingeführt wurde (vgl. van Hooren 2010:27). Dies ist umso mehr nennenswert, da für alle weiteren Arbeitsbereiche keine extra Quote geschaffen wurde (vgl. Decreto del Presidente del Consiglio dei Ministri 17 Dicembre 2004).[132] Diese Hausangestellten/häuslichen Care-Workers erhielten fast die Hälfte aller Einwanderungserlaubnisse (ca. 20 Prozent der Einwanderungserlaubnisse für nicht-saisonale Arbeit) (vgl. Barbagli 2007:83; Decreto del Presidente del Consiglio dei Ministri 17 Dicembre 2004). Wie die Tabelle 1 im Anhang 2 zeigt, fällt die Quote der Care-Workers besonders auf. Im Jahr 2006 wurde die neue Quote für die Einwanderung von Care-Workers bei 45.000 fixiert, eine bedeutsame Zahl, wenn man diese mit der Zahl aller anderen Arbeitskategorien vergleicht. Eine zweite Quote wurde bei 350.000 ohne weitere Angaben im Jahr 2006 für diejenigen geschaffen, die erfolglos 2006 einen Antrag auf eine Arbeitserlaubnis (bzw. Einwanderungsantrag zum Arbeitszweck) gestellt hatten (vgl. Decreto del Presidente del Consiglio dei Ministri 15 Febbraio 2006; van Hooren 2010:28). Als Rumänien und Bulgarien in die Europäische Union aufgenommen wurden, blieben einige Einschränkungen des Einwanderungsrechts für Bürger_innen aus diesen zwei Ländern bestehen. Für die Hausangestellten wie für die Angestellten im Wirtschafts- und Tourismusbereich wurden jedoch solche Einschränkungen aufgehoben (vgl. van Hooren 2010:28). Auch im Jahr 2008 hatten Hausangestellte eine besondere Position in der Migrationspolitik Italiens. In diesem Jahr erklärte die neue Berlusconi-Regierung einen Zulassungsstopp aufgrund der ökonomischen Krise für notwendig und setzte diesen um (vgl. van Hooren 2010:29). Für Hausangestellte (und für Mig-

---

[132] Mit der Ausnahme einer Quote von 2.500 für Forscher_innen, Manager_innen und sehr bekannten Künstler_innen, also hoch qualifizierten Arbeiter_innen (vgl. Decreto del Presidente del Consiglio dei Ministri 17 Dicembre 2004).

rant_innen aus ausgewählten Ländern)[133] wurde allerdings nicht nur eine Ausnahme gemacht, sondern ihre Quote wurde so hoch wie nie vorher festgelegt, und das gerade in der Zeit, in der das oben dargelegte „Sicherheitspaket" (*pacchetto sicurezza*) erlassen wurde (Decreto-legge 23 Maggio 2008 n.92). 2009 wurde, wie bereits erklärt, kein *decreto flussi* erlassen, dafür aber eine sehr wichtige Amnestie (vgl. Pasquinelli/Rusimini 2010). Die vorgesehene jährliche Quote des Jahres 2010 wurde mit der von 2011 gekoppelt, wobei die wichtigste Quote wieder den häuslichen Arbeiter_innen gewidmet wurde. Dies ermöglichte die Einreise von 30.000 Arbeiter_innen (vgl. Ministero dell'Interno 2011). Das ist weniger als ein Drittel von 2008. Nach dieser Reduktion wurde schließlich ab 2012 keine spezielle Quote für Care- und häusliche Arbeiter_innen mehr vorgesehen (vgl. Decreto del Presidente del Consiglio dei Ministri del 16 Ottobre 2012; Decreto del Presidente del Consiglio dei Ministri del 25 Novembre 2013). Jedoch kam es 2012 zu einer Ex-post-Legalisierung (vgl. Pasquinelli/Rusmini 2013:97). Allgemein zeichnete sich ab 2012 eine deutliche Einschränkung der erteilten Einwanderungszulassungen ab (vgl. Ministero dell'Interno 2014b).

Das Einstellungsverfahren einer häuslichen Pflegekraft ist ziemlich komplex und darf nur nach der Verabschiedung des *decreto flussi* und der entsprechenden Quote losgehen. Laut diesem Verfahren muss sich die einzustellende Person – unabhängig davon, ob sie sich bereits illegal in Italien aufhält – zum Zeitpunkt der Antragstellung in ihrem Herkunftsland befinden, da sie ausschließlich dort die Visumszulassung bekommen kann. Der_Die Arbeitgeber_in muss u.a. beweisen, dass er_sie über die finanziellen Mittel und den geeigneten Wohnraum für den_die Arbeiter_in verfügt und ist u.a. für die Dokumentenechtheit und für die Mitteilung jeder Vertragsänderung bzw. Vertragsabtretung verantwortlich. Realität ist aber, dass die überwiegende Mehrheit der Arbeiter_innen sich bereits in Italien befindet und dieses Verfahren eher als eine Pro-Forma-Legalisierung ihrer Position fungiert (vgl. Stuppini 2013:184ff).

---

[133] Ab dem Jahr 1998 wurde die sogenannten „quote privilegiate" (privilegierte Quote) eingeführt. Diese waren für diejenigen Länder vorgesehen, die durch Abschiebungsabkommen, Grenzkontrollen o.a. Maßnahmen für die Bekämpfung der unerwünschten Migration mit Italien kooperierten (vgl. Barbagli 2007:84).

Wie Franca van Hooren (2008:7ff) erklärt, waren die Quoten jedoch für das Ausmaß der Nachfragen nicht ausreichend. Das zeigt die Diskrepanz zwischen den im Jahr 2007 gestellten Anträgen für Einwanderungserlaubnisse (711.000) und den bewilligten Anträgen (170.000) (vgl. Näre 2013:607). Die Mehrheit dieser Anträge war für *„colf"* oder *„badanti"* – wobei hier die überwältigende Mehrheit die häuslichen Pflegekräfte einnahmen. Das Gleiche gilt zum Beispiel auch für das Jahr 2010, als von den zirka 300.000 gestellten Anträgen für Einwanderungserlaubnisse für *„colf"* oder *„badanti"* nur 30.000 (zehn Prozent) genehmigt wurden (vgl. Näre 2013:607). Diese Lücke zwischen Nachfrage und tatsächlichem Angebot wurde durch den informellen Markt geschlossen. Dementsprechend ist es in Italien üblich, auf informelle Netzwerke zurückzugreifen, um eine_n häusliche_n Altenpfleger_in zu finden, deren Position später durch das System der Quote oder durch die Ex-post-Amnestie legalisiert wird (vgl. Stuppini 2013:185). Die Mehrheit der häuslichen Pflegekräfte befanden sich zum Zeitpunkt der Antragstellung für die Quote bereits ohne Aufenthaltserlaubnis in Italien, wo sie arbeiteten (vgl. Näre 2013:607).

5.3 Fazit: Die Anomalie der „*badanti*" im fremdenfeindlichen Migrationsregime

Aus dem aufgezeigten Bild lässt sich schließen, dass sich in Italien ein fremdenfeindliches, nicht geregeltes Migrationsregime durchgesetzt hat, bei dem jedoch einige Anomalien erkennbar sind.

Als ehemaliges Auswanderungsland wurde Italien, im Gegensatz zu anderen europäischen Ländern, das erste Mal in den 1980er Jahren mit Einwanderungswellen konfrontiert. Nach der ersten Phase von verbreitetem Desinteresse seitens der Politik und der öffentlichen Meinung breitet sich eine zunehmende Fremdenfeindlichkeit in der Gesellschaft aus. Die Beliebtheit xenophober Parteien wie Lega Nord, die für die Härte der rassistischen Aussagen ihrer prominenten Vertreter_innen bekannt ist, bezeugt die Anwesenheit solcher rassistischer Tendenzen in der Gesellschaft. Diese scheinen im Laufe der Jahre nicht abgenommen zu haben, im Gegenteil.

Dementsprechend überrascht die besondere Wertstellung, die den *badanti* eingeräumt wurde. Die katholische Kirche spielte sicherlich eine wichtige Rolle bei der Entstehung und Aufrechterhaltung des positiven (medialen) Stereotyps der fleißigen christlichen Arbeiter*in*, da die Kirche als Netzwerk-, Vermittlungs- und Unterstützungsorganisation für diese Arbeiter_innen diente. Die gesellschaftlichen Diskurse zogen eine klare Trennlinie und schrieben ihnen eine christlich bekannte Identität zu, während die *anderen* Migrant_innen eher das Symbol der Islamgefahr darstellten. Ein_e Migrant_in zu Hause einzustellen, wurde somit nicht als gefährlich angesehen, weder für ihre eigene Identität noch für die Sicherheit der Familie, im Gegenteil. Dies wurde durch politische und mediale Diskursproduktion ermöglicht.

Nicht nur die Äußerungen über diese Arbeiter_innen zogen eine Linie zwischen ihnen und allen anderen Migrant_innen, indem sie als gegenüberstehende Figuren skizziert wurden – die einen zum ikonisch aufgeladenen Heilsbringer und die anderen zum negativ aufgeladenen, mutierten Stereotyp der gefährlichen Migrant_innen (wie z.B. „Dealer"). Die Gesetzgebung institutionalisierte diese Unterscheidung gravierend durch die oben genannten Erlasse. Die angestellten Hausarbeiter_innen wurden durch das System der Quote zu „privilegierten" und gefragten Migrant_innen. Die großzügige Politik ihnen gegenüber stand im klaren Gegensatz zu den politischen Tendenzen, härter gegen die nicht sinkenden Migrationswellen vorzugehen. Sie sah nicht nur ganz von der politischen Richtung der regierenden Koalition ab, sondern wurde sogar unter der Regierung der rechten Koalition und nach einer migrant_innenfeindlichen Wahlkampagne besonders großzügig.

Die Politik setze ein zweifaches Zeichen: Einerseits wurde der illegalisierte Aufenthalt als Straftat bekämpft, anderseits wurden regelmäßig Ex-post-Legalisierungen verabschiedet. Zudem hat das Quotensystem in Italien nur einen Teil des Bedarfs an diesen Arbeitern_innen gedeckt. Viele Familien haben darum auf den informellen Markt zurückgegriffen, umso mehr, als ihnen bewusst war, dass die italienische Migrationspolitik mit Ex-post-Legalisierungen übersäht war/ist. Das komplizierte und für die Familie ungünstige Einstellungsverfahren trug zusätzlich zum Rückgriff auf den informellen Markt bei. Allerdings soll nicht verschwiegen werden, dass sich ab 2010 die Tendenz abzeichnete, die Nationalgrenzen zu schließen. Dies betraf auch die Care- und häuslichen Arbeiter_innen. So wurde ab 2012 keine spezielle Quote für Care- und häusliche Arbeiter_innen mehr vorgesehen. Zu diesem Zeitpunkt fand auch die letzte Ex-post-Legalisierung statt, die jedoch weniger in Anspruch genommen wurde. Diese Tendenz sollte nicht unterschätzt werden.

Diese besondere normative und rechtliche Positionierung der häuslichen Pflegekräfte stellt darum eine Anomalie im staatlichen System Italiens dar, welche vom bestehenden, fremdenfeindlichen, nicht geregelten Migrationsregime zugelassen wurde.

6. ZWISCHENFAZIT

Wie in der Einführung dargelegt, sollen die drei bereits dargestellten Kernfragen in Bezug auf die Verbreitung des von Franca van Hooren eingeführten Begriffes des *„migrant in the family"-care-models* beantwortet werden. Erstens: Warum wird eine gesellschaftlich als *weibliche* gelesene Person eingestellt? Zweitens: Warum wird oft eine Person mit einer Migrationsgeschichte eingestellt? Drittens: Warum findet die Pflege/Care von älteren Menschen zu Hause statt?

Erstens bleibt die Care-Arbeit – normativ betrachtet – weiterhin *weiblich* konnotiert und typisiert. Sie genießt immer noch keine gesellschaftliche Anerkennung, sodass sie nicht zur emanzipatorisch-angestrebten Erwerbsarbeit zählt. Gleichzeitig besteht heutzutage immer noch die gesellschaftliche Erwartung, ältere, hilfsbedürftige Familienangehörige sollen von ihren *weiblichen* Familienmitgliedern gepflegt werden. Doch diese sind oft bei Eintritt in den Arbeitsmarkt mit Zeitmangel konfrontiert. Das Phänomen der *doppia presenza* zeichnet sich ab. Die Verschlechterung des Gesundheitszustandes des_r Familienangehörigen macht es unmöglich, eine solche doppelte Anwesenheit aufrechtzuerhalten und eine Entweder-Oder-Wahl drängt. Von Seiten der institutionellen Ebenen wurden keine, zumindest keine erfolgreichen, Mittel eingesetzt, weder um eine gesellschaftliche Umdeutung der Pflege älterer Menschen zu erreichen noch um die Geschlechterarbeitsteilung zu mindern. Daraus ergibt sich die klare Tendenz, einmal vor die *tertium-non-datur*-Wahl (ein Drittes ist nicht gegeben) gestellt, die Pflege älterer Menschen auszulagern. Diese wird also von denjenigen übernommen, die sich in einer unteren Position der intrageschlechtlichen Hierarchie befinden.

Zweitens bleibt die Pflege älterer Menschen nicht nur normativ eine familiäre Angelegenheit, sondern dies ist auch durch die gefahrene Politik nochmals verankert. Normen und Politik bilden einen Schnittpunkt bei der Zurückhaltung der Zweiten. Diese entzieht sich ihrer Wohlfahrtsstaatsaufgaben, indem den Bürger_innen hauptsächlich die nicht ausgabengebundene, finanzielle Hilfe (*indennità di accompagnamento*) zur Verfügung gestellt und die Verantwortung für die Fürsorge auf die Regionen geschoben wird. Somit rüttelt der Staat an den Säulen der Familie, die deshalb im von Esping-Anderson theorisierten Dreieck (Staat-Familie-Privatmarkt) eine primäre Rolle spielt. Es besteht also ein System, das als „*self-made welfare*" definiert werden kann. Die Familie wird zur Arbeitgeber*in* und bei ihr liegt die Entscheidung darüber, wie und wo die Pflege stattfinden soll. Einige dieser Möglichkeiten stehen jedoch für viele Familien nicht zur Auswahl, da z.B. das Angebot an privaten Pflegeheimen weder kostengünstig ist noch einen besonders guten Ruf genießt. Die kostengünstigste Lösung, die auf dem Arbeitsmarkt zu finden ist, sind Care-Arbeiter_innen mit einer Migrationsgeschichte. Dies aber nur unter der Bedingung, dass diese ohne einen regelmäßigen Vertrag arbeiten.

Drittens trugen die politischen Entscheidungen und Diskurse dazu bei, die Grundlage für billige, *weibliche* Arbeitskräfte zu schaffen. Die Anomalie der Care-Arbeiter_innen im Migrationsregime ist deutlich. Doch soll zweifellos die besondere Stellung dieser Migrant_innen vor allem in der Rolle gesucht werden, die sie für die Aufrechterhaltung des Geschlechter- und Care-Regimes innehaben und ausfüllen. Die Einführung spezieller, jedoch nicht ausreichender Quotenregelungen für diese Arbeiter_innen zeigt einerseits ihre Wichtigkeit während gleichzeitig Ex-post-Legalisierungen dafür sorgten, dass ein Spielraum für den Rückgriff auf den informellen Markt geöffnet wurde. Der finanzielle Faktor soll hierbei nicht unterschätzt werden. Die sogenannten *badanti* mit einer Migrationsgeschichte – und besonders diejenigen, die ohne einen Arbeitsvertrag und Aufenthaltsgenehmigung arbeiten – haben kaum Verhandlungsmacht.

2008 fing in Italien eine Zeit ökonomischer Krise an. Inwiefern diese ökonomische Rezession sich auf das beschriebene Care-Modell ausgewirkt hat bzw. welche Tendenzen sich langsam aufgrund der Krise abzeichnen, kann hier lediglich gemutmaßt werden. Die Zeitspanne seit dem Krisenanfang ist noch zu kurz, um abzuschätzen, ob eine langfristige Veränderung des beschriebenen Care-Modells in Gang gesetzt wurde. Einige erste Zeichen der Krise lassen sich jedoch bereits aus der bisherigen Analyse identifizieren. In Blick auf das Geschlechterregime lässt sich ein Rückgang der Anzahl der Erwerbstätigen und besonders in Bezug auf den *männlichen* Beschäftigungsgrad erkennen. Infolgedessen ist zu vermuten, dass die Disponibilität der Familien an finanziellen Ressourcen geringer geworden ist, während gleichzeitig das Zeitkontingent, welches ihnen für Nicht-Erwerbstätigkeit zur Verfügung steht, gestiegen ist. Bemerkenswert sind zudem die ersten Signale eines Kurswechsels in der Migrations-

politik Italiens. Wie bereits angemerkt, wurden ab 2010 die Nationalgrenzen langsam geschlossen. Die letzte Ex-post-Legalisierung geht
auf das Jahr 2012 zurück und seit 2010 gibt es eine klare
rückschrittige Tendenz bei der Quotenvergabe. Seit 2012 (Stand 2014)
wurde keine spezielle Quote für Care- und häusliche Arbeiter_innen
vorgesehen. Die offizielle Zahl der häuslichen Arbeiter_innen zeigt,
dass diese seit 2009 rückläufig bzw. mehr oder weniger gleichblei-
bend ist. Anders gesagt: Der zuvor sichtbare, deutlich zunehmende
Trend ist gestoppt. Es ist zudem anzunehmen, dass die Regionen unterschiedliche Politiken adaptiert haben und weiterhin adaptieren, um
die Krise zu bewältigen. Auf nationaler Ebene bestehen in Bezug auf
Geschlechter- Care- und Migrationsregime die beschriebenen Maßnahmen. Vor dem Hintergrund dieser Daten und der bisherigen Analyse – also der vorhandenen Traditionen, Normen und Politik können
nur Hypothesen über einen möglichen Trend formuliert werden, die
anhand des Fallbeispiels der Region Veneto geprüft werden sollen.
Diese Daten können unterschiedlich interpretiert werden: Erstens ist
es möglich, dass aufgrund der Verringerung der *weiblichen* Erwerbstätigkeit und der finanziellen Ressourcen eine Tendenz zur Re-
familiarisierung der Pflege älterer Menschen stattfindet. Zweitens
könnte sich –aufgrund des Mangels an andersartigen Arbeiten – eine
Zunahme der Care-Arbeiter_innen mit italienischem Pass zeigen. Drittens könnte eine Sättigung des Markts vermutet werden. Überraschend
hinsichtlich der bis jetzt normativ unveränderten Geschlechterarbeitsteilung wäre eine Zunahme der *männlichen* Care-Arbeiter_innen mit
italienischem Pass infolge des drastischen Rückgangs der *männlichen*
Erwerbstätigkeitsquote. Schließlich könnte eine Zunahme des informellen Arbeitsmarktes und der Anzahl der Arbeiter_innen ohne Arbeitsvertrag oder die Entmythisierung dieser Arbeiter_innen hinter der
Stagnation dieser Zahl sowie hinter der Schließung der geographi-
schen Grenzen Italiens für Care-Arbeiter_innen vermutet werden.

7. DAS CARE-MODELL IN DER KRISE? AM BEISPIEL DER REGION VENETO

7.1 Veneto: Ein Überblick

Das Veneto (deutsch: Venetien) ist das Herz des sogenannten „Nord-Ost-Wirtschaftswunders" (*„miracolo economico del nord-est"*), welches bis zu den 1970er Jahren hauptsächlich von der Landwirtschaft geprägt wurde. Im Vergleich mit den nordwestlichen Regionen Italiens erlebte das katholisch geprägte Veneto eine historische Verzögerung der wirtschaftlichen und sozialen Entwicklung (vgl. de Angeli 2007:12). Dank der Entstehung eines dichten Netzes aus überwiegend Klein- und Familienbetrieben erfuhr die Region allerdings ab den 1970er Jahren ein schnelles Wirtschaftswachstum, das sie zu einer der reichsten Regionen Italiens machte. Doch seit 2008 erlebt das Veneto eine Phase wirtschaftlicher Krise, die bis heute weitreichendere Folgen als anderswo in Italien hat (vgl. CGIA Mestre 2011). Das Pro-Kopf-Bruttoinlandsprodukt dieser Region ist seit 2008 um zirka acht Prozent zurückgegangen und liegt bei knapp 14 Prozent weniger als der vor dem Krisenanfang prognostizierte Wert (vgl. CNA 2013). In der Tat bedeutet das, dass die Familien u.a. aufgrund der Schließung vieler Betriebe und der damit zusammenhängenden gestiegenen Arbeitslosigkeit weniger finanzielle Ressourcen zur Verfügung haben als in der Vergangenheit (vgl. Centro Studi Unioncamere Veneto 2013; Veneto Lavoro 2014). Das Pro-Kopf-Bruttoinlandsprodukt ist 2013 genauso groß wie im Jahr 1995 (vgl. Veneto Lavoro 2014). Das „Wirtschaftswunder" scheint vorbei zu sein, deshalb können in der Region Veneto deutlicher als anderswo seine Folgen erkannt werden. Umso interessanter zu analysieren, ist zudem diese Region besonders im Blick auf ihre Geschlechter-, Care- und Migrationsregime. Diesbezüglich werden im Folgenden die gesetzlichen Regulierungen und Maßnahmen nur in Bezug auf das Care-Regime beschrieben, da das Veneto nur in diesem Bereich das Selbstbestimmungsrecht in ihren Kompetenzbereichen innehat.

7.2 Geschlechterregime

Anfang der 1970er Jahre fiel die Region Veneto in Italien wegen der deutlichen Abnahme der Erwerbstätigkeit von *Frauen* nach ihrem 25. Lebensjahr – also nach der Hochzeit und Geburt des ersten Kindes – besonders auf. Das ist ein greifbares Zeugnis für ein patriarchalisches Geschlechterregime. Ähnlich wie in den südlichen Regionen Italiens war der *weibliche* Bildungsgrad zu diesem Zeitpunkt noch sehr gering und – wie das lokale Sprichwort „*che 'a piasa, che 'a tasa, che la staga in casa*" (sie soll gefallen, sie soll schweigen, sie soll zu Hause bleiben) zeigt – die erwartete *Frauen*biografie verlangte den *Frauen* ein Leben als arbeitsame Hüter*innen* des Heimes und häuslichen Herdes ab (vgl. de Angeli 2007:12). Aufgrund des ökonomischen Wachstums stieg die Anzahl der erwerbstätigen *Frauen* schrittweise. Der Anstieg war so erheblich, dass zwischen den 1990er und 2000er Jahren die Kurve der *weiblichen* Beteiligung am Arbeitsmarkt entlang den Lebensphasen sich den *männlichen* Mustern ähnelte und der *gender gap* darum stärker als in anderen Regionen zurückging. Wie Anna de Angeli erklärt, sind *Frauen* die Protagonist*innen* des Beschäftigungszuwachses im Veneto (vgl. de Angeli 2007:11). Obwohl die *weibliche* Erwerbstätigkeitsrate und der Rückgang der Geburtenrate im Veneto[134] sich dem nordeuropäischen Modell nähert, besteht und findet die Geschlechterarbeitsteilung weiterhin breite Akzeptanz (vgl. de Angeli 2007; Fondazione Nord Est/Oliva 2013:60ff).[135] Hierbei ist, wie aktuelle Studien (act!onaid 2014; Fondazione Nord Est/Oliva 2013:50f) bestätigen, vor allem die Geschlechterspezifizität

---

[134] Der Feminisierung der Arbeit zufolge ging die Geburtenrate im Veneto im Vergleich zu anderen Regionen besonders stark zurück, sodass diese heute unter den niedrigsten in Europa liegt (vgl. de Angeli 2007:8-18).

[135] Dies kann auch anhand der Geschlechterverhältnisse bei der Verbreitung von Teilzeitstellen beobachtet werden (vgl. de Angeli 2007:42ff; Masiero/Spano 2010:54). Dass hauptsächlich *Frauen* – und nicht ihre Partner – auf ihre bezahlte Tätigkeit verzichten, scheint eine Selbstverständlichkeit: Darüber wird oft nicht geredet. Falls darüber diskutiert wird, scheinen vor allem die Anwesenheit von Normen und Traditionen bzgl. der Arbeitsteilung und das niedrigere Einkommen eine entscheidende Rolle zu spielen (vgl. Fondazione Nord Est/Oliva 2013:60f).

der Betätigung und Organisation der Pflege älterer, hilfsbedürftiger Menschen immer noch sehr ausgeprägt.[136] Die Anzahl der Frauen, die sich mit dem Problem der *„doppia presenza"* konfrontiert sehen, bleibt auch nach dem Krisenanfang sehr hoch (vgl. de Angeli 2007:23ff; Masiero/Spano 2010:29). Viele der *Frauen*, die vor dem Dilemma der *„doppia presenza"* stehen, entscheiden sich für die unbezahlte Arbeit zu Hause. Hierbei spielt die Pflege der älteren Familienangehörigen weniger eine entscheidende Rolle als andere Care-Tätigkeiten (vgl. de Angeli 2007:24ff, 51ff; Fondazione Nord Est/Oliva 2013:58ff).[137] Dennoch – wie die Studie von de Angeli (2007:51f) und Fondazione Nord Est/Oliva (2013:42ff) zeigen – lassen sich die häusliche Pflege einer älteren, kranken Familienangehörigen und die Erwerbsarbeit am schwierigsten vereinbaren.[138] Die Generation der 55- bzw. 65-Jährigen funktioniert im Veneto immer noch stark als „Sandwich Generation", die zwischen der Pflege ihrer (oft noch zu Hause lebenden) Kinder und ihrer immer älter werdenden Eltern eingequetscht ist. Für die neue Generation, die der Erwerbstätigen 30-Jährigen, wird es jedoch immer unmöglicher, diese Hilfe zu leisten.[139] Wie de Angeli (2007:27) und Masiero/Spano (2010:15f) erklären, dieser Prozess hat gerade begonnen.

---

[136] Eine schon auf nationaler Ebene erläuterte Tendenz wird somit bestätigt. Während die Betreuung von Kindern, kochen oder Einkaufsbetätigungen langsam geschlechterausgewogener werden, bleibt die Pflege älterer, hilfsbedürftiger Familienangehöriger sehr geschlechtsspezifisch. Aufgrund dieser Schwierigkeit, Erwerbsarbeit und Care-Work zu vereinbaren, sind *Frauen* besonders in Bezug auf die Erfüllung ihrer beruflichen Ambitionen und ihrer Freizeit weniger zufrieden als ihre Partner (vgl. Fondazione Nord Est/Oliva 2013:46ff). Dabei spielt jedoch die Pflege älterer, abhängiger Familienangehörigen nicht so eine wichtige Rolle wie andere Care-Tätigkeiten (vgl. Fondazione Nord Est/Oliva 2013:58).

[137] Laut der Studie von Oliva/Fondazione Nord Est (2013:58ff) verlässt jede sechste *Frau* ihre Erwerbsarbeitsstelle, um sich um eine_n pflegebedürftige Familienangehörige_n zu kümmern.

[138] Aus der Studie von Anna de Angeli (2007:51f) ergibt sich, dass die *Frauen*, die eine_n ältere_n, kranke_n Familienangehörige_n pflegen, diejenigen sind, die oft ihre bezahlte Arbeit verlassen.

[139] Die Altersgrenze für den Ruhestand wurde mit der Zeit nach hinten verschoben. Die *weibliche* Erwerbstätigkeit nahm stark zu und die Lebenserwartung wird immer länger. Viele *Frauen* migrieren, um eine bezahlte Arbeit zu

Trotz dieser vorhandenen traditionellen geschlechtsspezifischen Arbeitsteilung hat die ökonomische Rezession sich weniger auf die *weibliche* als auf die *männliche* Erwerbstätigkeit ausgewirkt (vgl. Veneto Lavoro 2012:8ff; 15). Aus diesem Blickwinkel weicht die regionale Situation von der italienischen Lage nicht ab (vgl. Veneto Lavoro 2012:10ff).

7.3 Care-Regime

Wie u.a. Anna de Angeli erklärt, hat die Familie im katholisch geprägten Veneto historisch eine wichtige Stellung und spielte gerade für den ökonomischen Aufstieg dieser Region eine wesentliche Rolle. Sie trug dazu bei, die Kosten der Reproduktion der Arbeitskräfte gering zu halten und fungiert allgemein als Mittel des sozialen Ausgleichs. In der Nachkriegszeit waren im Veneto die Großfamilien noch viel – und mehr als im Durchschnitt Italiens – verbreitet. Wie bereits erwähnt, die Großfamilie erlebte u.a. aufgrund der Zunahme der *weiblichen* Erwerbstätigkeit eine drastische Reduktion (vgl. de Angeli 2007:16ff). Auch ist heute die Zahl der Familien, in denen die Großeltern mit ihren Kindern und Enkelkindern zusammenwohnen, stark zurückgegangen und das verfügbare Zeitkontingent für unbezahlte Tätigkeiten kleiner geworden. Die Verwandtschaftsnetzwerke sind nichtsdestotrotz auch nach dem Krisenanfang als Unterstützungsstrukturen für die familienbezogenen Care-Tätigkeiten von großer Bedeutung (vgl. de Angeli 2007:21;53; Fondazione Nord Est/Oliva 2013:53).[140] Wie bereits in ganz Italien haben diese im Veneto zum Teil neue Formen als in der Vergangenheit angenommen (vgl. de Angeli 2007:27; Masiero/Spano 2010:16f). Dennoch bleibt die Zentralität dieser Institution bestehen: Sich um die Familie zu kümmern, gilt

---

finden. Dementsprechend ist das Zeitkontingent für die unbezahlte Care-Tätigkeit kleiner geworden (vgl. de Angeli 2007:27; Masiero/Spano 2010:15f).

[140] Das gilt besonders bei der Übernahme der Betreuung von Kindern seitens der Großeltern nach der Schule/dem Kindergarten (vgl. de Angeli 2007:21f).

immer noch als eine wichtige Tätigkeit, für welche viele *Frauen* sich wünschen, mehr Zeit zur Verfügung zu haben (de Angeli 2007:53).

Was die öffentlichen Pflegeleistungen angeht, wird selten darauf zurückgegriffen. Es herrscht eine negative Stimmung über öffentliche Pflegeleistungen. Die Nutzer_innen finden sie zu teuer, zu wenig verbreitet und bzgl. ihrer Öffnungszeiten zu unflexibel;[141] nur ihre Qualität scheint die Befragten zufriedenzustellen (vgl. Fondazione Nord Est/Oliva 2013:57). Viel verbreiteter ist der Rückgriff auf private, häusliche Pflege- oder Hilfskräfte. Ihre Anzahl ist bis 2009 stetig – und deutlicher zwischen 2006 und 2007 – gestiegen. Der genannte Zeitpunkt markiert bis heute einen Höhepunkt der eingesetzten privaten, häuslichen Pflege- und Hilfskräfte.[142] Nach einem Rückgang im Jahr 2010/2011 gab es eine weitere Zunahme im Jahr 2012, als die letzte nationale Ex-post-Legalisierung stattfand. 2013 steht – laut INPS (2014d) – eine ähnliche Abnahme der Anzahl wie von 2009 bis 2010 bevor. Es zeichnet sich also eine ähnliche Lage wie insgesamt in Italien ab (vgl. INPS 2014d). [143]

Von 2006 bis 2013 wurde der *assegno di cura* in Veneto – ähnlich wie in anderen Regionen – an bedürftige Menschen (unabhängig von ihrem Alter)[144] bzw. an ihre Familien überwiesen, die direkt oder mittelbar (also durch die regelmäßige Einstellung einer_s häuslichen

---

[141] Viele Nutzer_innen wünschen sich, dass ihre Öffnungszeiten sich mit der Erwerbsarbeit besser vereinbaren ließen (vgl. Fondazione Nord Est/Oliva 2013:65).

[142] Im Jahr 2009 fand die erste große Ex-post-Legalisierung statt (siehe Kapitel 5). Veneto weicht von der italienischen Lage nicht ab.

[143] Hierbei liegt der Unterschied zur gesamten italienischen Lage daran, dass der Höhepunkt 2009 und nicht 2011 erreicht wurde (vgl. INPS 2014d). Es soll jedoch daran erinnert werden, dass es schwer ist, diese Daten zu interpretieren, da sie nicht zwischen Pflegekräften und Haushaltshilfen unterscheiden.

[144] Hierbei wurde den an Alzheimer erkrankten Menschen Vorrang gewährt. Hilfsbedürftige Menschen wurden auf einer Skala von Betreuungsbedarf/Einkommen/Anwesenheit von häuslichen Pflegekräften eingestuft und die Höhe des finanziellen Zuschusses (den finanziellen Mitteln der Region entsprechend) festgelegt (vgl. Allegato A (d.g.r. 4135/2006); Deliberazione della Giunta Regionale n. 4135 del 19 Dicembre 2006). 2012 betrug die obere Grenze des Zuschusses 550 Euro (vgl. Rusmini 2013:158).

Pflegehelfers_in) eine angemessene Pflege[145] gewährleisteten (vgl. Allegato A (d.g.r. 4135/2006); Deliberazione della Giunta Regione n. 4135 del 19 Dicembre 2006). Seit 2013 wurde dies durch die *Impegnativa di Cura Domiciliare (ICD)* ersetzt. Das im Gesetz formulierte Ziel dieses Zuschusses, die häusliche Pflege abhängiger Menschen zu fördern, bleibt jedoch unverändert (vgl. Deliberazione della Giunta Regione n. 4135 del 19 Dicembre 2006; Allegato A (d.g.r. 1338/2013)). Die ICD unterscheidet zwischen fünf Kategorien von hilfsbedürftigen Menschen: Zwei davon decken sich mit denen des *assegno di cura* und sind auf die üblichen Krankheiten älterer Menschen zugeschnitten (vgl. Allegato A (d.g.r. 1338/2013)).[146] Wie schon beim *assegno di cura* festgehalten, wurde für den Empfang von ICD eine Haushaltseinkommensgrenze von unter 16.631,71 Euro im Jahr festgelegt. Im Unterschied zum *assegno di cura* hängt der Beitrag jedoch weder mit dem Einkommen noch mit der Präsenz (oder der Anzahl der Arbeitsstunden) einer regelmäßig eingestellten häuslichen Pflegekraft zusammen (vgl. Allegato A (d.g.r. 1338/2013)). Der Beitrag variiert je nach Schwere der gesundheitlichen Lage des bedürftigen Menschen bzw. je nach Einstufung in bestimmten Kategorien. [147] Der veraltete *assegno di cura „base"* (mit der Erhöhung des Beitrags

---

[145] Das Formular für den Antrag eines *assegno di cura*, auf dem die gesundheitliche Lage des hilfsbedürftigen Familienangehörigen beschrieben war, musste von dem_r Hausarzt_in ausgefüllt werden. Die im Formular angegebene gesundheitliche Lage sowie die Angemessenheit der erbrachten Pflege wurde dann vom medizinischen Personal spezieller Einrichtungen (*Unità di valutazione multidimensionale*) der lokalen Gesundheitseinrichtungen (ULSS) durch eine Hausbesichtigung überprüft (vgl. Allegato A (D.g.r. 4135/2006)).

[146] Die gesetzliche Maßnahme d.g.r. 1338/2013 hat auch eine neue ICD (ICDa) für Patient_innen, die unter äußerst schweren gesundheitlichen Problemen leiden (z.B. apallische Syndrom, ALS o.a.) eingeführt. Zwei weitere Zuschüsse (ICDp und ICDf) wurden für Menschen mit Beeinträchtigungen eingeführt. Hierbei wurde eine Altersgrenze von 64 Jahren festgelegt. In diesen Fällen gilt nicht die Regel der oberen Einkommensgrenze (vgl. Allegato A (d.g.r. 1338/2013)). Diese Kategorien werden – weil zum Zweck der Recherche nicht relevant – im Folgenden nicht berücksichtigt.

[147] Im Fall der sogenannten ICDa liegt die obere Haushaltseinkommensgrenze für die Genehmigung des Zuschusses bei 60.000 Euro.

im Fall der Einstellung einer „*badante* ")[148] wurde mit der Kategorie „ICDb" aufgelöst. In diesem Fall beträgt der ICD 120 Euro monatlich (vgl. Regione del Veneto 2014a). Somit wurde die vorgesehene Summe stark gekürzt: Die vorhergehenden gesetzlichen Maßnahmen (d.g.r. 4135/2006) erreichten in 2006 je nach Einkommenslage und Bedarf bis zu 260 Euro bzw. im Fall einer Einstellung einer Pflegekraft bis zu 390 Euro (50 % Zusatz) (vgl. Allegato A (d.g.r. 4135/2006); Regione del Veneto 2014b). Es handelt sich hier um einen Zuschuss, der laut Gesetz auf Menschen mit körperlichen Beeinträchtigungen oder seniler Demenz abzielt, die aufgrund ihrer Einschränkungen bei alltäglichen Aktivitäten unterstützt oder betreut werden sollen. Im Fall einer Person, die psychische und Verhaltensstörungen aufweist (wie im Fall von Alzheimer), ist ein monatlicher Beitrag (ICDm) von 400 Euro vorgesehen (vgl. Allegato A (d.g.r. 1338/2013); Regione del Veneto 2014a). Auch dieser Beitrag ist im Vergleich zu dem entsprechenden *assegno di cura* gesunken.[149] Diese Summen können ausgezahlt oder laut Gesetz auch in Form von finanziell entsprechenden, ambulanten Pflegeleistungen gewährleistet werden. Auch eine Kombination dieser zwei Varianten ist möglich. Dies stellt einen relevanten Unterschied zur vorherigen Lage dar (vgl. Allegato A (d.g.r. 1338/2013)). Der *assegno di cura* wurde ausschließlich ausgezahlt (vgl. Allegato A (d.g.r. 4135/2006); Deliberazione della Giunta Regione n. 4135 del 19 Dicembre 2006). Die Gespräche mit den zuständigen Behörden der lokalen Gesundheitseinrichtung und der Gemeindeverwaltung[150] ergaben, dass noch einige Unklarheiten bei der Gesetzesumsetzung herrschen. Vor allem wissen

---

[148] Der *assegno di cura* hatte zwei Typologien: *base* und *Alzheimer*. Die erste fällt heute unter den ICDb und die zweite unter den ICDm (vgl. Allegato A (d.g.r. 1338/2013)).

[149] Falls die zu pflegende Person unter Alzheimer litt, lag 2006 der *assegno di cura* zwischen 364 Euro und 520 Euro (vgl. Allegato A (D.g.r. 4135/2006)).

[150] Die Gespräche fanden im Spätsommer 2014 statt. Die Gesprächspartner_innen waren die Sozialarbeiter_innen von lokalen Gemeinden (San Fior und Conegliano) in der Provinz Treviso, die zuständig für die Abteilung für ältere Menschen des Sozialamtes sind (Servizio Politiche Sociali, assistente area anziani). Die Interviewten erklärten, das Gesetz sei etwas „nebulös" besonders bezüglich seiner Umsetzung.

die Behörden nicht, mit welchen ökonomischen[151] und strukturellen Mitteln die Gewährleistung der ambulanten Dienstleistungen (an Stelle der Auszahlung) erfolgen soll. So ist diese Option für viele nicht realisierbar. Für jede lokale Gesundheitseinheit sind pro Kategorie der ICD Ranglisten verfasst und für jede Rangliste eine vorherbestimmte, begrenzte Anzahl an ICD vorgesehen (vgl. Allegato A (d.g.r. 1338/2013)). [152] Wird die ICD bzw. ihre Höhe und Vergabekriterien mit den Zuschüssen anderer Regionen verglichen, erweisen sich die Parameter der Region Veneto für die Zuweisung der ICD als streng (vgl. Rusmini 2013:157f). [153]

Zusätzlich zu den ICD[154] sind auch zwei verschiedene Typen von ambulanten Pflegeleistungen vorgesehen. Die eine, die medizinisch-ambulante Pflegeleistung (*assistenza domiciliare integrata*, kurz: a.d.i.) ist ein individualisiertes Dienstleistungspaket der lokalen Gesundheitseinrichtungen und kostenlos. Das andere ist eine ambulan-

---

[151] Allgemein ergaben sich ab 2010, wie die Gewerkschaft CISL im Jahr 2011 öffentlich anklagte, einige Verspätungen bei der Auszahlung des *assegno di cura* (vgl. cislveneto.it 2011). Diese Tatsache wurde auch bei den informellen Gesprächen zur Vorbereitung des Expert_inneninterviews mit Angestellten der „Sportello Colf/Badanti" von CAAF CIGL Veneto und „Sportello Colf/Badanti" CISL Veneto, die anonym bleiben wollten, bestätigt. Zudem wurde die Einführung der ICD aufgrund der Kürzung der Gelder, die diese mit sich brachte, von einigen Vereinen stark kritisiert, welche die Rechte von älteren Menschen bzw. von Menschen mit Beeinträchtigungen vertreten (vgl. Disabili.com 2013; Galm – Gruppo di Animazione Lesionati Midollari 2013).

[152] Die Punktzahl variiert je nach Einkommen und gesundheitlicher Lage (also nach Bedarf). Die Angemessenheit der Pflege wird auch geprüft (vgl. Allegato A (d.g.r. 1338/2013)).

[153] Wie Giselda Rusmini zeigt, liegt die Haushaltseinkommensgrenze im z.B. Friuli Venezia Giulia bei 35.000 Euro und dort werden zwischen 210 Euro und 1.092 Euro ausgezahlt. In anderen Regionen (u.a. Valle D'Aosta, Emilia-Romagna und Puglia) ist eine ähnliche Einkommensgrenze wie im Veneto vorgesehen, jedoch ist der (maximale) Beitrag des *assegno di cura* höher (vgl. Rusmini 2013:157f).

[154] Die bereits erwähnten Gespräche mit den Sozialarbeiter_innen der lokalen Gemeinden ergaben, dass noch unklar ist, ob und inwiefern die ICD (falls nicht die Variante der Auszahlung der ICD gewählt wurde) zu den bereits vorhandenen ambulanten Pflegeleistungen hinzukommen würde.

te, nicht-medizinische Grundpflege (*servizio di assistenza domiciliare*, kurz: s.a.d.). Diese werden von der Gemeindeverwaltung zur Verfügung gestellt und können je nach Gemeinderegelung eine finanzielle Beteiligung der Familie vorsehen (vgl. Regione del Veneto 2014d). Seit 1987 existiert auch der Hausnotrufdienst (*telecontrollo/telesoccorso*), der je nach lokaler Gesundheitseinrichtung und Gemeinde kostenlos oder kostenpflichtig ist (vgl. Regione del Veneto 2014e).

Im Veneto werden auch verschiedene Kategorien von sogenannten *impegnativa di residenzialità* (Überweisungsschein für die Pflegeheime) nach der Überprüfung der gesundheitlichen Lage der hilfsbedürftigen Person ausgestellt. Daraus erfolgt die Vergabe von begrenzten Plätzen in (tagsüber oder ganztägig offenen) Pflegeheimen, die die Empfänger_innen vorab auswählen dürfen (vgl. Deliberazione della Giunta Regionale n. 464 del 28 Febbraio 2006; Deliberazione della Giunta Regionale n. 464 del 20 Febbraio 2007; Deliberazione della Giunta Regionale n. 456 del 27 Febbraio 2007; Regione del Veneto 2014c). Die Platzvergabe erfolgt durch eine Warteliste (Regione del Veneto 2014c).

2009 beschloss die Region die Einrichtung spezieller Register (*Registro pubblico regionale degli assistenti familiari*) für häusliche Familienpfleger_innen und eines Netzwerkes von Beratungsstellen für die häusliche Pflege (*Rete degli sportelli di assistenza familiare*). Ziel dessen war es, das Berufsbild der häuslichen Pflegekräfte zu qualifizieren und zu fördern und das Zusammenkommen von Nachfrage und Angebot zu begünstigen (vgl. Deliberazione della Giunta Regionale n. 3905 del 15 Dicembre 2009).

7.4 Migrationsregime

Veneto gilt als Hochburg der Partei Lega Nord, welche ab 1995 den politischen Platz der katholischen Partei DC[155] (Democrazia Cristina) einnahm (vgl. Agostini 2014:8f; Diamanti 1995; 1996; 2003; Diamanti/Riccamboni 1992; Pace 2014). Auf die im Kapitel 5 bereits erläuterten politischen Positionen der Partei Lega Nord bzgl. der Anwesenheit von Menschen mit Migrationsgeschichte wird hier nicht erneut eingegangen.[156] Es genügt, auf den von Pace beschriebenen *„venetismo"* kurz hinzuweisen. Ab den 1980er Jahren fing – zeitgleich mit der politischen Gründung der Lega Nord – der Mythos der „Identität des Venetos" (*identità veneta*) an, Form anzunehmen und sich (u.a. durch Bücher) zu verbreiten. Dem solidarischen Katholizismus wurde somit die Verteidigung der „lokalen Identität" entgegengesetzt, die von der inländischen (aus dem Süden Italiens) und ausländischen Migration gefährdet sei (vgl. Pace 2014:30ff).[157]

---

[155] Bis in die 1970er Jahre wurde das Veneto aufgrund der ununterbrochenen politischen Herrschaft der katholischen Partei DC (Democrazia Cristiana) und aufgrund der u.a. politischen Macht der katholischen Kirche als „weiße" Region bezeichnet (vgl. Diamanti 1995;1996; Agostini 2014:8ff).

[156] Diesbezüglich siehe auch Ilvo Diamanti (1995; 1996; 2003) und Diamanti/Ricamboni (1992). Es soll hier daran erinnert werden, dass Treviso – eine der Hauptstädte des Venetos – von 1994 bis 2013 (d.h. fast 20 Jahren lang) von dem sogenannten „Sheriff" Giancarlo Gentilini regiert wurde. Dieser Bürgermeister erlangte u.a. Bekanntheitsgrad aufgrund seiner xenophoben Aussagen, also wegen Aufstachelung zum rassistischen Hass (siehe Kapitel 5), und musste mehrere Gerichtsverfahren bestreiten (Suprema Corte di Cassazione III Sez. Penale 2014). Auch der Bürgermeister von Verona (seit 2007) Flavio Tosi musste sich einem Gerichtsverfahren stellen. Dies aufgrund einer Protestkampagne (mit Unterschriftensammlung), die mit der Aussage *„firma anche tu per mandare via gli zingari dalla nostra città"* (*auch du unterschreib` um die Zigeuner aus unserer Stadt wegzuschicken,* Übers. d. Verf.in) betitelt und beworben wurde. 2009 wurde Tosi wegen Propaganda rassistischer Ideen vom Obersten Gericht für schuldig befunden (vgl. Suprema Corte di Cassazione IV Sez. Penale 2009).

[157] Die katholische Identität wurde von Lega Nord insofern besonders gegen die Verbreitung des islamischen Glaubens und der islamischen Kultstätte

Interessanterweise galt das Veneto bis in die 1970er Jahre als eine Region, die für ihre hohe Zahl an Auswander_innen bekannt war. Aufgrund des oben genannten wirtschaftlichen Wachstums drehte sich diese Situation um.[158] Das Veneto – wie auch Italien – war auf diese Veränderung nicht vorbereitet und dementsprechend erfolgten – wie die Wahlausgänge zeigen – teilweise sehr negative Reaktionen seitens der Einwohner_innen (vgl. Cortese 2014:111). Die Anzahl der Einwohner_innen des Venetos stieg bedeutsam, so dass diese Region zu einer der am dichtesten besiedelten und bevölkerungsreichsten Italiens wurde (vgl. Agostini 2014:8). Hierbei stieg vor allem der Anteil an Anwohner_innen mit einer anderen Staatsangehörigkeit als der italienischen. Im Verhältnis zu den Bewohner_innen ist das Veneto die viertgrößte Region in Bezug auf Migrant_innen.[159] Ihre Zahl hat in diesen Jahren stetig zugenommen und die Einwanderungsströme fingen erst nach 2008 an, nachzulassen (vgl. Osservatorio Regionale Immigrazione 2013:7; 12ff). Insbesondere nahm die Zahl der *weiblichen* Migrant*innen* (vgl. Osservatorio Regionale Immigrazione 2013:15f) und die Zahl der migrierten häuslichen Pflegekräfte stark zu, sodass heute das Veneto auch die viertgrößte Region in Bezug auf häusliche Arbeiter_innen aus Ländern außerhalb der EU ist (vgl. Direzione Generale dell'Immigrazione e delle Politiche di Integrazione 2014:119). Dennoch verbreiteten viele lokale Tageszeitungen (u.a. Corriere delle Alpi, Corriere del Veneto, Il Gazzettino, Messaggero Veneto) ab dem Jahr 2009 die Nachricht, dass die Anzahl

---

verteidigt. Die Position der Kirche und der Lega Nord wichen (und weichen immer noch) genau in Bezug auf die Stellung gegenüber dem Thema der Migration voneinander ab (vgl. Pace 2014).

[158] Ab den 1970er Jahren erlebte das Veneto die inländische Einwanderung, besonders von Einwohner_innen der südlichen Regionen Italiens. Später, seit den 1990er Jahren, wurde das Veneto zum Ziel von Migrationswellen aus dem östlichen Europa (besonders nach der Auflösung der Sowjetunion und nach dem Anfang des Krieges in den nahliegenden Balkanstaaten) sowie aus Nord- und Zentralafrika (vgl. Diamanti 2003).

[159] Knapp zehn Prozent der Anwohner_innen hat eine andere Staatsangehörigkeit als die italienische. Veneto ist die zweite Region Italiens bzgl. der absoluten Anzahl. Interessanterweise ist die absolute und relative Anzahl von Einwohner_innen mit einer Migrationsgeschichte gerade in der Provinz von Treviso und Verona am höchstens (vgl. Osservatorio Regionale Immigrazione 2013:12ff).

der *Frauen* mit italienischem Pass (bzw. ohne eine Migrationsge-schichte) unter diesen Arbeiter_innen aufgrund der Krise gestiegen sei (vgl. u.a. Baretti 2009; Bortolato 2014; Sosso 2013; Messaggero Veneto 2013a; 2013b). Inwiefern dies die reale Entwicklung dieses Arbeitsmarktes wirklich widerspiegelt, ist anhand der mangelhaften verfügbaren statistischen Daten allerdings nicht überprüfbar.

7.5 Expert_inneninterviews

Um die Tendenzen und die Entwicklungen der letzten sechs Jahre interpretieren zu können, wurden – wie im Kapitel 2 bereits erwähnt – zwei Expert_innen interviewt: Zum einen Giuseppe Pat, Koordinator des „Sportello Colf/Badanti" CGIL CAAF Nordest. Zum anderen Silvia Gottardo, Berater*in* und Leiter*in* der Acli Colf im Veneto. Acli Colf ist, entsprechend der Definition von Gottardo, ein Verein für den Schutz, die Aufklärung, die Weiterbildung und Vertretung von häuslichen Pflegekräften und Haushaltshilfen, wobei, heute die Pflegekräfte eine sehr relevante Rolle spielen (*„es gibt immer noch die Haushaltshilfen, aber ein sehr wichtiger und relevanter Teil der Care-Arbeit sind häusliche Pflegekräfte"*).[160] CGIL CAAF gilt im Gegensatz dazu hauptsächlich als Anlaufstelle für die hilfsbedürftigen Menschen bzw. für ihre Familien, die eine Pflegekraft zu Hause und in seltenen Fällen eine Haushaltshilfe (*„viel weniger die Haushaltshilfe [...] sie gehen nach Direktkontakten"* (Anm. des Verf. Die Arbeitsgeber_innen wenden sich für die vertragliche Regelung nicht an Gewerkschaften)) einstellen möchten. Nach einigen allgemeinen Fragen über die möglichen Auswirkungen der Krise auf das Modell der Pflege älterer Menschen im Veneto wurden Gottardo und Pat in Bezug auf Geschlechter-, Care- und Migrationsregime befragt.

Gottardo erklärte, im Allgemeinen sei weder eine deutliche Umwandlung in Bezug auf die Mitglieder von Acli Colf noch auf die

---

[160] Die ab hier folgenden Übersetzungen der Interviews sind von der Verfasserin.

Familie, die sich an diesen Verein wenden, zu erkennen („*ich muss sagen, ich sehe keine, es gibt keine deutlichen Umwandlungen*"). Eine ähnliche Situation wurde von dem Koordinator von „Sportello Colf/Badanti" CGIL CAAF Nordest Giuseppe Pat dargestellt („*unsere Basis, unser Target ist gleich geblieben*"). Die Zielgruppe und die Nutzer_innen des Angebots der beiden Organisationen seien unverändert. Allgemein sei auch die Art der Nachfrage häuslicher Altenpfleger_innen trotz des Auftretens der ökonomischen Krise gleichgeblieben. Dennoch ließen sich laut der beiden Expert_innen einige, jedoch nicht eklatanten Veränderungen auf die Nachfrage von häuslichen Pflegekräften erkennen (Pat sagte: „*Es gibt Reflexe, (..) sie stehen unter der Wasseroberfläche, man sieht sie nicht in einer brisanten Art und Weise, man sieht sie nicht, aber sie gibt es, es gibt sie*").

Was das Care-Regime angeht, sind die zwei Expert_innen sich einig, dass der Bedarf an Pflege weiterhin besteht (laut Pat: „*es gibt Bedarf an Pflege*"), bzw. wie vor allem Gottardo eingehend erklärt, dass dieser aufgrund des *ageing* und des Auftretens einer Reihe altersbedienter Krankheiten zunehme (laut Gottardo „*der Bedarf ist vorhanden und nimmt zu*"). Übereinstimmend sind auch die Meinungen der beiden darüber, dass die ökonomische Krise einen „*Kaufkraftverlust der Familien*" (Gottardo) verursacht habe.[161] Gegenüber diesen veränderten Bedingungen sind die Familien „*ein bisschen gezügelt*" (Pat). Wie die beiden Expert_innen erläuterten, muss eine Entscheidung zwischen einerseits der häuslichen Pflege und andererseits einem Pflegeheim getroffen werden: „*es gibt keinen Mittelweg*" (Pat). Die Pflegeheime haben nur „*begrenzte Plätze*" (Gottardo) bzw. ihre „*Ressourcen sinken stetig*" (Pat), während gleichzeitig ihre Kosten durchschnittlich „*ziemlich*" (Gottardo) bzw. „*deutlich*" (Pat) höher[162] als die eines_r häuslichen Altenpflegers_in liegen. Dazu komme, dass – im Unterschied zu den häuslichen Pflegekräften[163] – „*mit den Pflegehei-*

---

[161] Um es mit den Worten des Koordinators des „Sportello Colf/Badanti" CGIL CAAF Nordest auszudrücken, „*die Krise hat sich auf die Verfügbarkeit an finanziellen und ökonomischen Ressourcen der Familie ausgewirkt – oder der älterer Leute, wenn sie alleine sind – das ist sicher*".

[162] Laut dem Koordinator, „*die Beiträge der Pflegeheime steigen stetig*".

[163] Die Leiter*in* von Acli Colf Treviso erklärt, "*die häusliche Pflegekraft kostet eine nicht unerhebliche Summe, wie ich sagte, man verhandelt und [...] man versucht die Kosten zu begrenzen*".

men verhandelt man nicht" (Gottardo). Wie die Leiter*in* von Acli Colf Treviso erklärte, seien für die Familie von daher einige Optionen „*sowieso blockiert*". Bezüglich der Pflegeleistungen, die von der Region zur Verfügung gestellt werden, erklärte Gottardo den „*Eindruck*" zu haben, die Ressourcen seien gesunken, auch wenn es sich lediglich um einen Eindruck handele. Hingegen war der Koordinator der „Sportello Colf/ Badanti" von CGIL CAAF Nordest der Meinung, „*der Zuschuss wurde stark gekürzt*".[164] Zwar wurden die Ressourcen auf regionaler Ebene trotz des Druckes der Gewerkschaften und trotz der Äußerungen in den letzten Jahren reduziert,[165] während gleichzeitig die staatliche finanzielle Hilfe „*enorm gekürzt, gnadenlos gekürzt*" (Pat) wurde. Dies könne auch „*schwere Konsequenzen*" (Gottardo) auf die Entscheidungsmöglichkeiten der Familie haben. Bei der Entscheidung, die älteren Familienangehörigen zu Hause zu pflegen, spiele allerdings auch ein weiteres Element eine wichtige Rolle. So erklärt die Leiter*in* von Acli Colf Treviso: „*dafür sorgen zu können, dass die alten Personen [...] zu Hause bleiben können, ist sicher für die Familien ein wichtiger Punkt, eine Motivation, die ein großes Gewicht hat*" (Gottardo). Die beiden Expert_innen schließen daraus, dass die Einstellung eines_r häuslichen Care-Arbeiters_in sich teilweise als „*eine freie Wahl*" und teilweise als eine umstandsbedingte Entscheidung darstellt. Allerdings handelt es um eine Entscheidung, die auch „*von den Eigenschaften der Familien, die hinter den zu pflegenden Mensch stehen, abhängt, ob diese Energie haben, [..], nicht nur Geld*" (Pat). Die Bereitschaft und die Anwesenheit einer Familie sei darum „*der entscheidende Punkt*" (Pat)[166]. Doch meistens ist, wie bereits erwähnt,

---

[164] Pat verweist während des Interviews auch auf neueste Gespräche mit regionalen Behörden. Er bezieht sich allerdings auf den *assegno di cura*, aber weist auf die Gesetzesänderung und auf die daraus resultierende Einführung der ICD nicht hin.

[165] Pat erklärt: „*obgleich der Präsident der Region sagt, dass es das gleiche Geld wie letztes Jahr gibt, unserer Meinung nach gibt es weniger*".

[166] Diesbezüglich sei „*der entscheidende Punkt*" laut des Koordinators der „Sportello Colf/Badanti" der CGIL CAAF Nordest „*ob hinter dieser Person, oder neben dieser Person, [...] eine Familie steht, die bereit ist, nicht nur die Kosten zu übernehmen, sondern auch zusammen die Pflege abzuwägen: Wo sie gemacht werden soll und wie sie gemacht werden soll, je nach dem Stadi-*

der Weg der Pflegeheime für viele Familien *„blockiert"* (Gottardo). *„Die Präsenz der Familie muss gegeben sein und ist gleichzeitig der letzte Ausweg, der gelingen muss, um die Verantwortung für die Situation zu tragen"* (Gottardo). Aus der Sicht von Pat, funktioniert die Familie als *„gesellschaftliche Lunge, die in sich alle Wiedersprüche wiederaufnimmt"*. Gegenüber der veränderten ökonomischen Lage, äußert Pat, *„alles in allem die Familie, oder die Familien schaffen es, auszuhalten, auch wenn [...] sie alle Auswege suchen, um ihren Geliebten die Pflege zu erbringen, im Rahmen dessen, was passabel ist, jedoch ohne zu verprassen"*. Unter diesen *„Auswegen"* nennen beide die zunehmende Tendenz, weniger als die effektiven Arbeitsstunden offiziell anzumelden. Dies bedeutet, *„es besteht die Tendenz, die Schwarzarbeiterquote zu erhöhen, die an und für sich in diesem Bereich schon sehr relevant ist"*.[167] *„Wenn es früher keine Diskussion darüber gab, eine häusliche Pflegekraft wie im Vertrag vorgesehen für 54 Stunden pro Woche einzustellen, um eine bedürftige Person zu pflegen, wird heute angestrebt, sie immer noch einzustellen, aber wenn möglich nicht für 54 Stunden, sondern für 40, 30, 20, 25 Stunden"* (Pat). Diese Reduktion der offiziellen Arbeitsstunden stellt jedoch nur einen Ausweg dar, um die Ausgaben zu reduzieren. Weitere Lösungen sind die Reduktion der tatsächlichen Arbeitsstunden der häuslichen Pflegekraft, während gleichzeitig ihr Arbeitspensum unverändert bleibt. Nicht zuletzt besteht auch ein Risiko, *„es werden die Sozialbeiträge und der Lohn für eine bestimmte Stundenzahl bezahlt, in Wirklichkeit leistet die Arbeiterin mehr"* (Gottardo). Schließlich führt das dazu, wie die Leiterin von Acli Colf Treviso erklärt, dass *„die Arbeiterin [..] mehr als in der Vergangenheit im Preis gedrückt wird"*.[168] Die Reduktion der Arbeitsstunden wird auch von einem wei-

---

um, das diese Person erreicht hat". *„Die Lebensweisen der Familien beeinflussen sehr stark die Entscheidungen, die die Familien treffen können"*.

[167] Es soll hier auf die diskriminierende Konnotation des Ausdrucks „Schwarze" als Synonym für irreguläre Arbeit hingewiesen werden. Der Ausdruck wurde ausschließlich aufgrund der Quellentreue derart wiedergegeben.

[168] Wie die Leiterin von Acli Colf erklärte, *„bis vor zwei-drei Jahren stand die Arbeiterin in einer besseren Position, in dem Sinne, dass es sowieso höhere Löhne gab, dass es die Möglichkeit gab, übertarifliche Löhne usw. zu bekommen"*.

teren Phänomen begleitet: „*Man versucht, ein Arbeitsverhältnis zu etablieren, das die Anwesenheit der Arbeiterin vorsieht, aber so, dass diese von der Anwesenheit der Familie bzgl. der Arbeitsstundenanzahl integriert wird*" (Gottardo). Auch der Experte des CGIL stimmt zu, wobei er hierbei eine zusätzliche Entwicklung betont: „*immer mehr bemerken wir Phänomene, wie dass ältere Leute von Pflegeheimen nach Hause bewegt werden*" oder dass man erst gar den Weg der Pflegeheime meidet und eher die Lösung der häuslichen Pflegekraft wählt (Pat). Um herauszufinden, wer jedoch die Präsenz der Pflege-kraft integriert und warum diese Arbeiter*innen* oft eine Migrationsge-schichte mit sich bringen, sollen die Meinungen berücksichtigen wer-den, die die Interviewten in Bezug auf Geschlechter- und Migrations-regime zum Ausdruck gebracht haben.

In Bezug auf das „Geschlecht" der Pflegearbeiter_in sind die In-terviewten sich einig, dass diese Arbeit fast ausschließlich „*weiblich*" bleibt. Die Reduktion der Arbeitsstunden der häuslichen Pflegekraft wird durch das Einspringen der *Frauen* innerhalb der Familien der hilfsbedürftigen Menschen ermöglicht (Gottardo, Pat). Um es mit den Worten von Pat auszudrücken, „*die Frau, die in Folge der Krise ihre Arbeitsstelle verloren hat und nicht mehr jung ist und der nicht ge-lingt, sich in den aktuellen Arbeitsmarkt wieder einzugliedern, [...] behält ihn (die ältere Person) zu Hause*,. „*Man vermeidet die Kosten indem man einen Vorteil sucht bzw. indem man aus der Not eine Tu-gend macht*". Die Expert_innen waren sich über einig, dass hier Aus-wirkungen der Krise bemerkbar seien, dennoch erklärten beide, dass es sich nicht um „*eklatante*" Zahlen handele. Die Leiter*in* von Acli Colf erklärte, „*dieser Trend ist sicherlich vorhanden*", allerdings be-zweifele sie, ob dieser Trend weiterhin bestehen werde, falls in Zu-kunft ein Aufschwung der Arbeitswelt bzw. die Zunahme der Mög-lichkeiten einer „*Erwerbsarbeit außerhalb der häuslichen Wände*" aufkommen sollte. Infolge des Arbeitsverlusts schulen sich zudem „*einige Frauen*" mit italienischem Pass und gebürtig aus Italien laut den Expert_innen als häusliche Altenpfleger_innen um. Allerdings – wie Silvia Gottardo erklärte – „*die Nachricht, die von den Zeitungen wiedergegeben wird, ist, dass es eine explosive Anwesenheit von itali-enischen Arbeiterinnen gibt. Nach unserem Wissenstand ist es nicht so*". Auf die Frage, ob die Tatsache, dass verhältnismäßig mehr *Män-ner* als *Frauen* der ökonomischen Krise zufolge die Arbeitsstelle ver-loren haben, die Geschlechterverhältnisse in Bezug auf die häusliche

Pflegearbeit beeinflusst hat, gaben beide Expert_innen eine negative Antwort. Es handele sich um Eindrücke, dennoch um übereinstimmende Eindrücke. Von wenigen Ausnahmen abgesehen, die jedoch auch vor dem Anfang der Krise bereits vorhanden waren, bleiben also *„kulturelle"* (Gottardo, Pat) Hindernisse. Dieser Arbeitsmarkt sei, der Meinung der beiden Expert_innen nach, für *Männer „nicht attraktiv".* Die Leiter*in* von Acli Colf Treviso erklärte, es fehle eine *„korrekte Wertschätzung"* dieser Arbeit, welche, wenn sie das Zusammenleben (in Form von Kost und Logis) nicht vorsieht, auch zu schlecht bezahlt sei, um attraktiv zu sein. Laut dem Koordinator des „Sportello Colf/Badanti" CGIL CAAF Nordest, *„das Geschlechterverhältnis ist beinahe unverändert. Männer suchen die Wiedereingliederung in den normalen Arbeitsmarkt, aber nicht in diesen"* (der Pflegekraft (Anm. d Verf.)) und wenn, dann *„handele es sich um Neupositionierungen, während man auf bessere Zeiten wartet".* Es handele sich um einen *„Bereich, der noch als marginal angesehen wird [...] wo keine Eingangsschwellen vorhanden sind [...] und der überwiegend Frauen anzieht"* (Pat).

Dass die bezahlte häusliche Pflegearbeit trotz der veränderten ökonomischen Bedingungen weiterhin in der überwältigenden Mehrheit der Fälle von Migrant_innen erledigt wird, liege – so beide Expert_innen – nicht zuletzt an der Tatsache, dass nicht-migrierte Arbeiter_innen nicht bereit sind, mit den zu pflegenden Menschen zusammenzuwohnen. Doch *„das ist gerade die große Nachfrage"* (Gottardo). Nicht-migrierte Arbeiter_innen suchen am besten gleichzeitig *„verschiedene Arbeitgeber"* (Gottardo), bieten ausschließlich die Tagespflege an (Gottardo, Pat) und/oder suchen erstens eine Einstellung bei den Pflegeheimen (Pat). *„Somit bleibt die Pflege mit dem Zusammenwohnen praktisch, wenn nicht ausschließlich, dann fast ausschließlich, den ausländischen Arbeiterinnen überlassen".* Trotz der Tatsache, dass es bezüglich der Arbeit von Migrant_innen gewisse *„Ängste, Vorurteile, Misstrauen"* (Pat) gäbe, hat sich – so die Leiter*in* von Acli Colf Treviso – *„die italienische Staatsangehörigkeit in unserer Erfahrung noch nicht als eine unabdingbare Bedingung erwiesen, um ein Arbeitsverhältnis aufzunehmen".* Gleichzeitig – wie der Koordinator des „Sportello Colf/Badanti" CGIL CAAF Nordest erklärte – es handele sich um eine Zwangsentscheidung: *„Entweder so oder nichts".*

7.6 Schlussfolgerung

Aus der Analyse lässt sich feststellen, dass das Veneto vor der Krise eine „weiße", katholisch geprägte Region war, in der die Familie eine wichtige Stellung einnahm. Dass die Familie von so großer Bedeutung war, spiegelte sich in ihrer wesentlichen Rolle in der Phase des ökonomischen Wachstums wider, als Struktur, die die kostenlose Reproduktionsarbeit anfangs übernahm. Die Zentralität der Familie – und innerhalb dieser, der *weiblichen* Mitglieder – für die Pflege älterer Menschen, die bereits auf nationaler Ebene erläutert wurde, wird von der Geschichte des Venetos bestätigt. Auch die Entwicklungen hinsichtlich der Zunahme *weiblicher* Erwerbstätigkeit und ihrer Konsequenzen für die Pflege älterer Menschen stimmen mit denen, die auf nationaler Ebene beschrieben wurden, überein. Dennoch existierte vor der Krise einerseits immer noch das Phänomen der *Frauen*, die für die unbezahlte Care-Arbeit aus der Erwerbsarbeit ausstiegen und andererseits zeichnete sich die Feminisierung der Arbeit im Veneto gleichzeitig stärker ab als in anderen Regionen Italiens. Hier – wie in übrigen Teilen Italiens – sorgten die Anhebung des Rentenalters und das Altern der Bevölkerung für die neuen Generationen dafür, dass eine Balance zwischen häuslicher Pflege älterer Familienangehörigen und Erwerbsarbeit zu finden und auszuhalten, immer unmöglicher geworden ist. Die bereits auf nationaler Ebene vorhandene negative Bewertung der Pflegeheime kann auch im Veneto wiedergefunden werden. Die regionalen Pflegeleistungen wurden auch so aufgebaut, um vor allem die häusliche Pflegearbeit (und nicht die Aufnahme in Altersheimen) zu begünstigen. Angesichts der vorhergehenden Analyse auf nationaler Ebene überrascht es nicht, dass im Veneto auf die Lösung der häuslichen Pflegekräfte – die zumeist eine Migrationsgeschichte mit sich brachten – zurückgegriffen wurde, um den Familienangehörigen eine häusliche Pflege zu gewährleisten. Dass gerade im Veneto die Einstellung von häuslichen Care-Arbeiter_innen – mehr als woanders in Italien – massiv verbreitet war, erweist sich angesichts der Feminisierung der Arbeit, der vorhandenen Traditionen bzw. der Zentralität und Wichtigkeit der Familie und der damit verbundenen positiven Bewertung der häuslichen Pflege als nicht verwunderlich. Das Veneto spiegelt daher auf mehreren Ebenen die Lage Italiens wider, wobei hier der vorhin auf nationaler Ebene erläuterte Mechanismus – auch in Anbetracht ihres Migrationsregimes – noch offensichtlicher hervortrat.

Mit dem Aufkommen der ökonomischen Krise veränderten sich langsam einige Bedingungen: Erstens wurden die finanziellen Ressourcen geringer, die die Familien zur Verfügung hatten. Zweitens nahm das verfügbare Zeitkontingent für unbezahlte Care-Tätigkeiten zu. Doch der ökonomischen Krise zufolge wurde nicht nur die sogenannte „Armee der Haus*frauen*" größer, sondern vor allem die der „Haus*männer*". Die *männliche* Erwerbstätigkeit sank stärker als die *weibliche*. Drittens unterlagen die regionalen Leistungen einer deutlichen Kürzung. Gerade die wichtigste Hilfeleistung, der damalige *assegno di cura,* jetzt in *impegnativa di cura domiciliare* (ICD) umbenannt, wurde im Jahr 2013 nicht nur hinsichtlich seiner finanziellen Reichweite, sondern auch in Bezug auf deren Empfänger_innen drastisch reduziert. Im Unterschied zum *assegno die cura* wird die ICD nicht an alle älteren Menschen/Familien unter einer bestimmten Einkommensgrenze ausgezahlt, sondern lediglich an die Hilfsbedürftigsten unter diesen. Die Höhe der Zuschüsse wurde festgelegt und hängt nicht mehr vom Einkommen ab. Die Entscheidung der Familie, eine häusliche Pflegekraft einzustellen, ist zudem jetzt nicht mehr direkt unterstützt, da die Höhe des Beitrags nicht mehr damit zusammenhängt. Anders gesagt, wie die Familie – d.h. mit welchen Mitteln, ob direkt oder indirekt – die häusliche Pflege ermöglicht, wurde noch deutlicher zu einer Privatangelegenheit. Gleichzeitig erfolgte keine Verstärkung andersartiger Pflegeleistungen (wie z.B. Gutscheine für Pflegeheime). Das neue Gesetz hat theoretisch die ambulanten Dienstleistungen zu Lasten der Höhe der ökonomischen Zuschüsse verstärkt. In der Tat bleibt bis heute unklar, ob es sich tatsächlich um eine Verstärkung handelt, oder nicht. Was außer Zweifel steht, ist die Tatsache, dass regionale Hilfsleistungen nach wie vor auf die häusliche Pflege aufbauen und somit die Rolle der Familie dabei zementieren.

Die Familie wurde deswegen einer doppelten Reduktion ihrer finanziellen Ressourcen ausgesetzt: Die Minderung ihrer eigenen Ressourcen und die Verminderung der regionalen, finanziellen Zuschüsse. In dieser Situation, wie die interviewten Expert_innen erklären, wird die Familie zur „Ultima Ratio", die die verschlimmerte Situation sowieso bewältigen muss. Sie bleibt, wie aus den Interviews hervorgeht, eine gesellschaftliche „Lunge" bzw. – in dem Fall der Pflege älterer

Menschen – der gesellschaftliche Schwerpunkt. Sie soll entscheiden, wie die Pflege ihrer Angehörigen erfolgen soll. Allerdings handelt es sich oft um eine Pro-forma Entscheidung, denn oft steht die Entscheidung schon fest: die der häuslichen Pflege. Oft sind die ökonomischen und strukturellen Bedingungen für andere Wege erst gar nicht vorhanden. Unter diesem Gesichtspunkt hat sich die Lage nicht verändert, sondern sie hat sich lediglich zugespitzt. Die Familie schließt also die strukturellen Lücken, und zwar so, wie sie es „kann". Wie es sich aus den Interviews erweist, versucht die Familie mit allen Mitteln die Hilfe einer häuslichen Pflegekraft beizubehalten. Dass diese Arbeiter_innen eine Migrationsgeschichte mit sich bringen, scheint trotz des gesellschaftlich verbreiteten Rassismus nach wie vor nicht so eine relevante Rolle zu spielen. Die Hypothese einer Entmythisierung der Figur dieser Care-Arbeiter_innen wird somit nicht bestätigt. Anderseits sind den Familien so oder so die Hände gebundenen: Während die ökonomische Krise einerseits für viele den Verlust der Erwerbstätigkeit mit sich zog, bedeutet dies jedoch nicht, dass eine ebenso deutliche Zunahme an häuslichen Altenpfleger_innen italienischer Herkunft erkennbar ist. Wie aus den Interviews und aus der vorhergehenden Analyse herauszulesen ist, gibt es eine Zunahme, die jedoch auf die Tagespflege beschränkt ist. Die hypothetische Zunahme an Pflegekräften mit italienischem Pass und italienischem Hintergrund wird nicht bestätigt. Was aber viele ältere, hilfsbedürftige Menschen bzw. viele Familien brauchen, ist eine Rund-um-die-Uhr-Pflege. Alle – unabhängig vom Geschlecht – scheinen eine Erwerbsarbeit anzustreben, die nicht innerhalb der häuslichen Wände stattfindet bzw. die nicht unbedingt das Zusammenwohnen erfordert. Dabei spielt sicherlich die negative gesellschaftliche Bewertung dieser Arbeit (welche in der ökonomischen Krise bestehen geblieben ist) und die schlechte Vergütung (welche im Zuge der ökonomischen Krise zusätzlich reduziert wurde) eine Rolle. Diese Care-Arbeit bleibt also von dem Standpunkt seiner Geschlechterspezifität und ihrer sozialen Abwertung trotz der veränderten finanziellen Lage bestehen. Zudem wird die angenommene Tendenz zur partiellen Re-familiarisierung der Care-Arbeit in Bezug auf ältere, hilfsbedürftige Menschen bestätigt. Es verändert sich somit die Art und Weise, wie die Häuslichkeit der Pflege gemanagt wird. Das „Migrantin in der Familie"-Care-Modell bleibt bestehen, aber macht einen Schritt in Richtung des vorherigen Modells (das „family care model") zurück. So wird die häusliche Pflegekraft von der Präsenz einer meistens *weiblichen* Familienangehörigen integriert bzw. teilweise ersetzt. Neben dieser Tendenz zeichnet sich noch eine weitere, aufgrund der Analyse auf nationaler Ebene angenommene Tendenz ab. Die Familie spart, wo sie kann: Nicht nur, indem sie die Arbeitsstunden der häuslichen Pflegekraft reduziert, sondern indem sie von dieser die Erledigung des gleichen Arbeitspensums in weniger Zeit und oft gegen weniger Geld erwartet. Es ergibt sich – wie die Interviews bestätigen – nach und nach eine Verschlechterung der Arbeitsbedingungen der häuslichen Care-Arbeiter_innen und ihrer Verhandlungsposition.

FAZIT

Die Verbreitung der Einstellung einer migrierten Care-Arbeiter*in* für die häusliche Pflege älterer, hilfsbedürftiger Menschen (bzw. des „Migrant*in* in der Familie"-Care-Modells) in Italien lässt sich durch das Zusammenkommen und die Interaktion mehrerer Faktoren erklären. Um diese zu beleuchten, wurde die Analyse anhand von drei Kernfragen – die hier wiederaufgenommen werden – strukturiert und ausführlich dargelegt. Für die Beantwortung dieser Forschungsfragen wurden einige analytische Werkzeuge aus der feministischen Rezeption und Überarbeitungen (u.a. von Sainsbury (1994), Lewis (1992), Fraser (1989), Lutz (2007; 2008) und Williams (2008; 2010)) einiger Elemente (das Konzept von Regime, das Dreieck Staat-Familie-privater Markt) der Theorie des Wohlfahrtsstaats von Esping-Andersen (1990) übernommen und entwickelt. Den drei genannten Fragen entsprechend wurden drei Regime – Geschlechter-, Care- und Migrationsregime – jeweils hinsichtlich ihrer institutionellen und normativen Dimensionen analysiert.

Die erste Frage – *warum wird eine gesellschaftlich als* weiblich *gelesene Person eingestellt?* – hinterfragt die Geschlechterspezifizität der Care-Arbeit in Bezug auf ältere, hilfsbedürftige Menschen. Um herauszufinden, warum diese Arbeit weiterhin eine vergeschlechtlichte Tätigkeit darstellt, wurde die geschlechtsspezifische Arbeitsteilung in Bezug auf die Zuständigkeiten im Bereich der Care-Work untersucht. Dies geschah besonders unter den Aspekten der betreffenden Diskurse sowie Normen und Praxen und der An- und Abwesenheit von Gesetzen bzw. von Maßnahmen zum Abbau einer solchen geschlechtsspezifischen Arbeitsteilung. Aus der Analyse lässt sich feststellen, dass diese Arbeit weiterhin keine gesellschaftliche Anerkennung genießt und gleichzeitig stark an die gesellschaftlich erwartete *Frauen*biografie gekoppelt bleibt. Aus einer historisch-feministischen Perspektive betrachtet, hat sich diesbezüglich nicht viel verändert. Das von Federici und anderen Feminist_innen sowie von den *Frauen*bewegungen kritisierte *geschlechtsspezifische Arrangement* und dessen Arbeitsteilung bleibt in Italien in Bezug auf die Pflege älterer, hilfsbedürftiger Menschen bestehen. Im Vergleich zu den 1970er Jahren ist jedoch der *weibliche* Erwerbstätigkeitsgrad deutlich

106

gestiegen, sodass heute viel mehr *Frauen* als in der Vergangenheit dem Phänomen der *doppia presenza* (doppelten Anwesenheit) ausgesetzt sind. Sie versuchen, das Gleichgewicht zwischen Erwerbs- und Care-Arbeit zu bewahren, während sie sich gleichzeitig auf einem dünnen Drahtseil bewegen. Viele Faktoren – wie die Verschlechterung der Gesundheit ihrer älteren Familienangehörigen, die physische Entfernung, die Überbelastung – können ein solches Gleichgewicht gefährden. Für viele *Frauen* reicht das Zeitkontingent, welches sie zur Verfügung haben, nicht mehr aus. Viel mehr als die vorherigen Generationen stehen sie von daher vor einem Dilemma bzw. vor einer Entweder-Oder-Wahl, die vor den Ansprüchen und Schwierigkeiten des heutigen Arbeitsmarktes noch schwerer zu bewältigen ist. Gleichzeitig hat die Erwerbsarbeit – im Vergleich zu der häuslichen Care-Arbeit – einen emanzipatorischen Charakter, da diese höhere Anerkennung genießt, eine ökonomische Unabhängigkeit gewährleistet und die Erfüllung vieler Vorhaben ermöglichen kann. Zudem ist für viele die Erwerbsarbeit aufgrund von ökonomischen Notwendigkeiten unabdingbar. Aus einer Mischung dieser Faktoren und vor dem Hintergrund eines patriarchalischen Geschlechterregimes ergibt sich die Entscheidung, diese Care-Arbeit (teilweise) abzugeben. Seitens der Institutionen wurde nichts getan, um die Grundlage einer solchen normativ zementierten Geschlechterarbeitsteilung vor allem in Bezug auf diese besondere Form der Care-Arbeit zu unterminieren. Ganz im Gegenteil ist die Abwesenheit von Maßnahmen zur Bekämpfung der geschlechtsspezifischen Arbeitsteilung, vor allem verstärkt in Bezug auf die Care von älteren Menschen als in Bezug auf z.B. die Kinderbetreuung, offensichtlich. Das überrascht nicht, wenn man das Care-Regime Italiens betrachtet. Dieses ist durch die vorwiegende Rolle der Familie – und somit der *Frauen* innerhalb der Familie – gekennzeichnet. Eine solche Rolle hat nicht nur ihre Wurzeln in der Geschichte der intergenerationalen Solidarität und in derer historisch geprägten Bedeutung bzw. in der normativen Diskursproduktion und in den diesbezüglich tief verwurzelten familienzentrierten Praxen Italiens. Sie ist auch nicht zuletzt durch die praktizierte Politik und die erlassenen Regulierungen tief verankert. Wie auch das Beispiel der Region Veneto zeigt – dies bezieht sich auf die zweite Forschungsfrage: *warum findet die Pflege/Care von älteren Menschen zu Hause statt?* – lässt sich dies nicht ohne einen Blick auf die institutionelle Ebene beantworten. Die zurückhaltende Positionierung bzw. die schüchternen Versuche der Politik, eine Antwort auf die gravierenden Alterungsprozesse der Gesellschaft zu finden und an der Verkleinerung der Armeen an kostenlosen Hausarbeiter*innen* zu arbeiten, haben zweifellos eine wichtige Rolle bei der Beibehaltung des Status quo in Bezug auf die familiäre Verortung dieser besonderen Form von Care-Arbeit beigetragen. Weder wurde das staatliche Fürsorgesystem umgestaltet noch das System der öffentlichen, ambulanten Pflegeleistungen und Pflegeheime aufgebaut. Die Haupthilfe seitens des italienischen Staates ist und bleibt der in den 1980er Jahren eingeführte *indennità di accompagnamento*, ein Zuschuss, der nicht ausgabengebunden ist. Zudem wurde durch die Gesetzgebung über den Föderalismus die Verantwortung für die Pflege von älteren, hilfsbedürftigen Menschen an die Regionen übertragen. Dies hatte die Unübersichtlichkeit der Leistungen für ihre Nutzer_innen und die Verschärfung der geografischen Unterschiede in Italien zur Folge. Das daraus resultierende fragmentierte, regionalisierte und mangelhafte staatliche Fürsorgesystem wälzt die Verantwortung für die Pflege älterer Menschen – wie das Beispiel der Region Veneto zeigt – meistens auf die Familie und somit auf deren *weibliche* Mitglieder ab. In dem von Esping-Andersen beschriebenen Dreieck Staat-Familie-privater Markt spielen die letzten zwei eine vorherrschende Rolle, welche von der absichtlich zurückhaltenden Positionierung des Staates erzwungen wird. Vor dem Hintergrund eines patriarchalischen Geschlechterregimes und eines familienzentrierten Care-Regimes sind viele Familien gezwungen, selbst eine Lösung für die in Folge der veränderten Verfügbarkeit ihrer *weiblichen* Mitglieder entstandene Care-Lücke in Bezug auf ihre älteren Mitglieder zu finden. Der private Markt bietet eine vergeschlechtlichte Lösung – die der *weiblichen* Migrant*innen*. Diese haben sich in dem vorhergehenden Care-Modell – das „*family care model*" – vollkommen integriert. Dieses neue Element, die Präsenz migrierter Arbeiter*innen*, ermöglicht die Aufrechterhaltung der Zentralität der Familie gegenüber der Subsidiarität des Staates und bewahrt gleichzeitig ein patriarchales Geschlechterregime. Die Abgabe eines Großteils der praktischen Erledigung der Care-Arbeit an andere *Frauen* erweist sich für viele *Frauen* als ein emanzipatorischer Akt. Es ermöglicht ihnen, die Erwerbstätigkeit beizubehalten und somit ein ehemaliges Vorrecht der (historisch geprägten, hegemonialen) *Männlichkeit* für sich in Anspruch zu nehmen. Während sie durch die Übernahme der Organisation, der Kontrolle der Care-Arbeit und in vielen Fällen durch das Ausleben des affektiven Teils der Care-Arbeit die normativ zementierte Geschlechterspezifizität dieser Arbeit nicht in Frage stellen. Dies erfolgt oft jedoch durch die Deklassierung des migrierten *caregivers* und hat zur Konsequenz, dass eine hierarchische Ordnung zwischen *Frauen* entsteht: Das *intra-geschlechtliche Arrangement* erlaubt die Aufrechterhaltung der vorhandenen *inter-geschlechtlichen Arrangements*. Indem sie die Grundlage zu diesem *geschlechtsspezifischen Arrangement* legen, erweisen sich – wie Ilona Olster und Carol Lewis in Bezug auf das Care-Regime gezeigt haben – weder die Care- noch die Migrationspolitiken keineswegs geschlechtsneutral. Die Letzteren ermöglichten in zweierlei Hinsicht die Bedingungen für die Einwanderung von Care-Arbeiter_innen. Erstens sorgten sie dafür, dass einige von ihnen durch ihre besondere Positionierung im Quotensystem auf halbwegs legalen Wegen zum Arbeitsmarkt der häuslichen Pflegekräfte Zugang erhielten. Zweitens ließen sie durch die unzureichende Quotenverteilung und die komplizierten Einstellungsverfahren einen Spielraum für die Entstehung eines breiten Arbeitsmarktes von illegalisierten Arbeiter_innen. Zur Etablierung eines solchen Arbeitsmarktes trug die zwiespältige Haltung der Migrationspolitiken Italiens gegenüber der illegalen Zuwanderung von Migrant_innen massiv bei. Diese sah harte Mittel gegen den illegalisierten Aufenthalt in Italien vor und war gleichzeitig von der wiederholten Verabschiedung von Ex-post-Legalisierungen gekennzeichnet. Die Antwort auf die dritte Forschungsfrage – *warum wird meistens eine (oft weibliche) Migrantin angestellt?* – soll gerade die mediale Diskursproduktion und Konstruktion und im Besonderen deren positive Stereotypisierung der migrierten Pflegekräfte berücksichtigen. Dies besonders hinsichtlich des migrant_innenfeindlichen Migrationsregimes. Die Anomalie der Pflegekräfte mit einer Migrationsgeschichte innerhalb des Migrationsregimes soll jedoch als eine absichtliche Anomalie betrachtet werden. Die diskursive Konstruktion der „guten (katholischen), migrierten Pfleger*in*" sorgte dafür, dass der private Markt eine vergeschlechtlichte Antwort auf den Bedarf des familienzentrierten Fürsorgesystems geben könnte.

Von daher kann nur die Interaktion von Geschlechter-, Care- und Migrationsregime die Verbreitung des „Migrant*in* in der Familie"-Care-Modells beleuchten. Intersektionell betrachtet spielen hierbei mehrere Ungleichheitsachsen eine wichtige Rolle. Die Arbeiter_innen sind aufgrund ihrer Herkunft, ihrer Klasse und ihres Geschlechts in eine gesellschaftlich weniger angesehene Position gedrängt, wobei sie doch unter den Migrant_innen einen guten Ruf genießen. Ihre „privilegierte" Positionierung unter den Migrant_innen öffnet ihnen Türen und Tore und erlaubt ihnen, eine Arbeit zu übernehmen, die die Privilegierten der Gesellschaft ablehnen.

Bemerkenswert ist zudem die Rolle eines weiteren Akteurs, der katholischen Kirche. Was für eine Rolle haben katholische Normen und Traditionen bei der Interaktion von Geschlechter-, Care- und Migrationsregime inne? Durch ihren politischen und normativen Einfluss trug sie dazu bei, dass die Geschlechterarbeitsteilung und die primäre Rolle der Familie in Bezug auf die Care von älteren Menschen sowie die mangelhafte Entwicklung des (Laien-) Fürsorgesystems weiterhin bestehen blieben. Nicht zuletzt spielte sie eine wesentliche Rolle bei der normativen und institutionellen Konstituierung und Aufrechterhaltung der Anomalie der (katholischen) migrierten Pflegekräfte vor dem Hintergrund eines sonst migrant_innenfeindlichen Migrationsregimes.

Das beschriebene, aus der Interaktion von Geschlechter-, Care- und Migrationsregime resultierende *care arrangement* wurde jedoch den in den letzten Jahren aufgetretenen Veränderungen der ökonomischen Lage Italiens ausgesetzt. Seit 2008 sind in Italien die ersten Signale einer ökonomischen Krise spürbar. Wie erwartet hat die Verschlechterung der ökonomischen Lage Italiens sich auf das beschriebene Care-System ausgewirkt. Die Tendenzen, die dieser Rückgang in Gang gesetzt hat, wurden anhand des Beispiels der Region Veneto beleuchtet. Wenn es sich einerseits um ein regionales Fallbeispiel handelt, gilt Veneto anderseits in mehrfacher Hinsicht als besonders interessant. Angesichts seines patriarchalischen Geschlechterregimes, seines familienzentrierten Care-Regimes und migrant_innenfeindlichen Migrationsregimes weicht das Veneto von der nationalen Situation nicht ab. Jedoch manifestierten sich, wie ein aufmerksamer Blick zeigt, dort einige zuvor erläuterte Phänomene. Vor allem die Feminisierung der Arbeit und die häusliche Einstellung von migrierten Care-Arbeiter_innen sind stärker als anderswo in Italien zu bemerken. Besonders deutlich zeichnete sich dort auch die Diskrepanz der Positionierung und Akzeptanz von Migrant_innen innerhalb der häuslichen Wände ab, obwohl das Veneto als Hochburg xenophober und migrant_innenfeindlicher Parteien gilt. Schließlich erweist sich dieses Fallbeispiel auch deshalb als interessant, weil die ökonomische Krise in dieser reichen Region stärker als woanders negative Konsequenzen für die lokale Ökonomie mit sich brachte. Dementsprechend ist anzunehmen, dass die Auswirkungen der Krise auf das *care arrangement* sich hier eindeutiger manifestierten als in den italienischen Regionen, in denen die Wirtschaftsflaute nicht so spürbare Folgen hinterlassen hat. In Bezug auf das Geschlechterregime lässt sich ein Rückgang der *weiblichen* Erwerbstätigkeit feststellen, wobei diese nicht so stark wie die *männliche* Erwerbstätigkeit zurückgegangen ist. Allerdings scheint dies bis jetzt in keiner Weise Konsequenzen auf die Geschlechterspezifizität dieser Form von häuslicher Care-Arbeit mit sich gebracht zu haben. Weder scheint die Zahl der *männlichen* Familienmitglieder, die sich überwiegend um die Pflege ihrer älteren, hilfsbedürftigen Verwandten kümmern, gestiegen zu sein, noch hat sich die klare Tendenz seitens derjenigen, die ihre Arbeit verloren haben, herauskristallisiert, sich als Pflegekräfte neu zu erfinden. Die Zahl der *Frauen*, die aufgrund des Verlusts der Erwerbsarbeit zu Pflegekräften umschulen, ist zwar gestiegen, aber diese sind meistens lediglich bereit, die häusliche Tagespflege und nicht die Rund-um-die-Uhr-Pflege zu übernehmen. Gleichzeitig hat sich durch die ökonomische Krise die Rolle der Familie innerhalb des Care-Regimes nicht verändert. In Zusammenhang mit den knapper werdenden ökonomischen Ressourcen hat die Region im Jahr 2013 eine Umgestaltung der Gesetzgebung erlassen. Die neue Gesetzgebung untermauert jedoch weiterhin die zentrale und stark normativ geprägte Rolle der Familie bei der Care älterer, hilfsbedürftiger Familienmitglieder. Aus dem neuen Gesetz resultieren hauptsächlich eine deutliche Kürzung des regionalen, finanziellen Zuschusses und deren Umwandlung in ambulante Pflegeleistungen. Während der Ausbau der bereits mangelhaften und schwer zugänglichen Pflegeeinrichtungen nicht beabsichtigt wurde. Die Ressourcen, die die Familien zur Verfügung haben, reduzieren sich somit in zweierlei Hinsichten: Aufgrund des Rückgangs des Erwerbstätigkeitsgrades und aufgrund der Kürzung der regionalen Sozialbeiträge und -leistungen. Angesichts dieser Situation versuchen die Familien, die partielle Auslagerung der Care-Arbeit durch die Einstellung eines_r Migrants_in beizubehalten. Die Mehrheit davon hat auch keine Wahl: Oft gibt es keine Alternative die häusliche Pflege betreffend. Dass im Veneto im Allgemeinen eine sehr migrant_innenfeindlichen Haltung herrscht, stellt hinsichtlich der Einstellung von migrierten Pflegekräften weiterhin kein Hindernis dar. Die besondere Stellung dieser Arbeiter_innen bleibt trotz der ökonomischen Krise bestehen. Doch zeichnen sich zwei Phänomene ab: Das Erste ist die Tendenz zur zumindest partiellen Re-familiarisierung der Pflege. Aufgrund der sich aufbauenden Knappheit an finanziellen Ressourcen und des Verlusts der Erwerbstätigkeit übernehmen einige *Frauen* teilweise die Pflege ihrer älteren, hilfsbedürftigen Familienangehörigen. Ihre Präsenz integriert oder ersetzt teilweise die der häuslichen Pflegekräfte. Es ist also eine rückschrittige Tendenz hin zum vorherigen „*family care model*" sichtbar. Zudem verschlechtern sich die Bedingungen hinter dem *intrageschlechtlichen care arrangement.* Die migrierten Care-Arbeiter_innen werden in eine schwächere Verhandlungsposition gedrängt und sind oft gezwungen, härtere Arbeitsbedingungen zu akzeptieren. So werden ihre Arbeitsstunden und Löhne niedriger, während oft das Arbeitspensum unverändert bleibt. In der Hierarchie zwischen *Frauen* tragen von daher diejenigen, die eine mindere Position besetzten, die gravierenden Folgen der veränderten ökonomischen Umstände. Nicht nur ist die von Federici erhoffte Entkopplung der Care-Arbeit von der normativ und gesellschaftlich erwarteten *Frauen*biografie durch die Entlohnung dieser Arbeit nur für einige, privilegierte *Frauen* auf Kosten von anderen, schlechter positionierten *Frauen* gelungen. Sie riskiert gleichzeitig, für einige wieder rückgängig gemacht zu werden.

ANHANG

Abkürzungsverzeichnis

Acli = Associazioni cristiane lavoratori italiani (*Christliche Verbände italienischer Arbeiter*)

a.d.i. = assistenza domiciliare integrata (*Integrierter Hauspflegedienst*)

ALS = Sclerosi laterale amiotrofica (*Amyotrophe Lateralsklerose*)

ARCI = Associazione Ricreativa e Culturale Italiana (*Italienischer Freizeit- und Kulturverband*)

CAAF = Centro Autorizzato Assistenza Fiscale (*Einrichtung zur Hilfe bei Steuerangelegenheiten*)

CCD = Centro Cristiano Democratico (*Christdemokratisches Zentrum*)

CDU = Cristiani Democratici Uniti (*Vereinigte Christdemokraten*)

CGIA = Confederazione Generale Italiana dell'Artigianato (*Allgemeiner italienischer Handwerksverband*)

CGIL = Confederazione Generale Italiana del Lavoro (*Allgemeiner italienischer Arbeitergewerkschaftsbund*)

CIE = Centri Identificazione ed Espulsione (*Identifikations- und Abschiebungszentren*)

CISL = Confederazione Italiana Sindacati Lavoratori (*Italienischer Arbeitergewerkschaftsbund*)

CNA = Confederazione Nazionale dell'Artigianato e della Piccola e Media Impresa (*Nationaler Zusammenschluss der Handwerkerverbände kleiner und mittlerer Unternehmen*)

CNEL = Consiglio Nazionale dell'Economia e del Lavoro (*Nationalrat für Ökonomie und Arbeit*)

CPT = Centri di Permanenza Temporanea (*Zentren für den zeitweiligen Aufenthalt*)

d.g.r. = Deliberazione della Giunta Regionale (*Beschluss der Landesregierung*)

DC = Democrazia Cristiana (*Christliche Demokratie*)

ICDa = Impegnativa di Cura Domiciliare - utenti con alto bisogno assistenziale (*Überweisungsschein für häusliche Pflege - für Nutzer mit hohem Pflegebedarf*)

ICDb = Impegnativa di Cura Domiciliare - utenti con medio bisogno assistenziale (*Überweisungsschein für häusliche Pflege - für Nutzer mit mittlerem Pflegebedarf*)

ICDf = Impegnativa di Cura Domiciliare - utenti con grave disabilità fisico-motoria (*Überweisungsschein für häusliche Pflege - für Nutzer mit schweren körperlichen Beeinträchtigungen*)

ICDm = Impegnativa di Cura Domiciliare - utenti con basso bisogno assistenziale (*Überweisungsschein für häusliche Pflege - für Nutzer mit geringem Pflegebedarf*)

ICDp = Impegnativa di Cura Domiciliare - utenti con grave disabilità psichica e intellettiva (*Überweisungsschein für häusliche Pflege - für Nutzer mit schweren psychischen und geistigen Beeinträchtigungen*)

INPS = Istituto Nazionale della Previdenza Sociale (*Nationalinstitut für Soziale Fürsorge*)

IREF = Istituto di Ricerche Educative Formative (*Institut für Bildungsrecherche*)

ISTAT = Istituto Nazionale di Statistica (*Nationales Institut für Statistik*)

s.a.d. = servizio di assistenza domiciliare (*Hauspflegedienst*)

SSRMdL = Staff statistica, studi e ricerche sul mercato del lavoro (*Statistisches Arbeitsmarkt Forschungs- und Studienteam*)

UNAR = Ufficio Nazionale Antidiscriminazione Razziale (*Nationales Büro gegen rassistische Diskriminierung*)

Tabelle 1. Einwanderungsquote für nicht-saisonale Migrant_innen

	Ausgewählte Herkunftsländer	Hausangestellte (*lavoro dometisco*)	Andere Arbeitsbereiche	Umwandlung der Aufenthaltserlaubnis*	Total
2005	20.800 + 200**	15.000	17.250	1.250	54.500
2006-1	38.000 + 500**	45.000	35.000	1.500	120.000
2006-2	-	-	-		350.000
2007	47.100 +500**	65.000	45.900	11.500	170.000
2008	44.600	105.400	-		150.000
2009	-	-	-	-	-
2010	Wurde mit dem Jahr 2011 gekoppelt				
2011	52.080 + 500**	30.000	4.000	11.500	98.080
2012	100**	-	2.000	11.750	13.850
2013		-	5.600	12.250	17.850
2014	-	-	-	-	-noch keine

Notiz: Eine Extraquote wurde im Jahr 2005 (79.500) und 2006 (170.000) für Migrant_innen aus neuen EU-Mitgliedsstaaten eingeführt (van Hooren 2010:28; Barbagli 2007:82f).
*Es handelt sich um keine neuen Einwanderungserlaubnisse, sondern um Aufenthaltserlaubnisse, die an Migrant_innen ausgestellt werden, die sich mit anderen Aufenthaltserlaubnissen (z.B. für Studium oder für saisonale Arbeit) bereits zu dem Zeitpunkt in Italien befanden (vgl. Decreto del Presidente del Consiglio dei Ministri 17 Dicembre 2004).

** Es handelt sich um Menschen, von denen ein Elternteil einen Migrationsursprung in Italien hat. Quelle: Decreto del Presidente del Consiglio dei Ministri 17 Dicembre 2004; Decreto del Presidente del Consiglio dei Ministri 15 Febbraio 2006; Decreto del Presidente del Consiglio dei Ministri 25 Dicembre 2006; Decreto del Presidente del Consiglio dei Ministri del 30 Ottobre 2007; Decreto del Presidente del Consiglio dei Ministri del 16 Ottobre 2012; Decreto del Presidente del Consiglio dei Ministri del 25 Novembre 2013; van Hooren 2010:28; Barbagli 2007:82f; Ministero dell'Interno 2014b.

Literaturverzeichnis

Acli (2014a): Le Acli - Associazioni cristiane lavoratori italiani, [online] http://www.acli.it/le-acli#.VBvyMShc3Ek [01/09/2014].

Acli (2014b): Acli Colf, [online] http://www.acli.it/le-acli/soggetti-sociali-e-professionali/acli-colf [01/09/2014].

Act!onaid (2014): #*lavoro invisibile. Verso l'uguaglianza di gene-re nel lavoro di cura*, [online pdf-Dokument] http://www.actionaid.it/sites/files/actionaid/lavoro_invisibile_cura .pdf_0.pdf [01/09/2014].

Agostini, Filiberto (Hrsg.) (2014): *La regione del Veneto, a qua-rant'anni dalla sua istituzione. Storia, politica diritto*, Milano: Franco Angeli.

Ambrosini, Maurizio (2010): *Richiesti e respinti. L'immigrazione in Italia. Come e Perché*, Milano: Il Saggiatore.

Anderson, Bridget (2006): *Doing the dirty work? Migrantinnen in der bezahlten Hausarbeit in Europa*, Berlin: Assoziation A.

Balbo, Laura (1978): La doppia presenza. In: *Inchiesta*, 32, S. 3–11.

Barbagli, Marzio (2007): Primo Rapporto sugli immigrati in Italia. Dicembre 2007, Roma: Ministero dell'Interno, [pdf-Dokument online] http://www.interno.gov.it/mininterno/export/sites/default/it/assets/ files/15/0673_Rapporto_immigrazione_BARBAGLI.pdf [01/09/2014].

Baussano, Francesca (2014): ENAR Shadow Report 2010-2011. Racism and related discriminatory practices in Italy, [pdf-Dokument online] http://cms.horus.be/files/99935/MediaArchive/publications/shado w%20report%202010-11/14.%20Italy.pdf [01/09/2014].

Baussano, Francesca/Formicola, Laura (2014): ENAR Shadow Report 2011-2012. Racism and related discriminatory practices in Italy, [online pdf-Dokument]
http://cms.horus.be/files/99935/MediaArchive/publications/shado w%20report%202011-12/Italy%20(2).pdf [01/09/2014].

Becker-Schmidt, Regina (2010): Doppelte Vergesellschaftung von Frauen: Divergenzen und Brückenschläge zwischen Privat- und Erwerbsleben. In: Becker, Ruth/Kortendieck, Beate (Hrsg.): *Handbuch Frauen- und Geschlechterforschung. Theorie, Methoden, Empirie. 3., erweiterte und durchgesehene Auflage*, Wiesbaden: VS Verlag für Sozialwissenschaften.

Beer, Ursula (2010): Sekundärpatriarchalismus: Patriarchat in Industriengesellschaften. In: Becker, Ruth/Kortendieck, Beate (Hrsg.): *Handbuch Frauen- und Geschlechterforschung. Theorie, Methoden, Empirie. 3., erweiterte und durchgesehene Auflage*, Wiesbaden: VS Verlag für Sozialwissenschaften.

Beltrametti, Luca (2013): *Voucher* sociali a sostegno del lavoro di cura. In: Pasquinelli, Sergio/Rusmini, Giselda (Hrsg.): *Badare non basta. Il lavoro di cura: attori, progetti, politiche*, Roma: Ediesse.

Benholdt-Thomsen, Veronika/Mies, Maria/von Werlhof, Claudia (1988): *Frauen, die letzte Kolonie. Zur Hausfrauisierung der Arbeit*, Reinbek bei Hamburg: Rowohlt.

Bettio, Francesca/Simonazzi, Annamaria/Villa, Paola (2006): Change in care regimes and female migration: the 'care drain' in the Mediterranean. In: *Journal of European Social Policy*, 16, S. 271-285.

Bianchi, Federica (2014): Reddito minimo per i più poveri, quale modello scegliere? In: *L'Espresso*, [online]
http://espresso.repubblica.it/affari/2014/01/03/news/reddito-minimo-per-i-piu-poveri-quale-modello-scegliere-1.147703 [01/09/2014]

Bock, Gisela/Duden, Barbara (1977): Arbeit aus Liebe – Liebe als Arbeit: zur Entstehung der Hausarbeit im Kapitalismus. In: *Frauen und Wissenschaft. Beiträge zur Berliner Sommeruniversität für Frauen Juli 1976*, Berlin, S. 118-199.

Bortolato, Luigi (2014): Un corso per badanti. Più di metà sono italiane. In: *Il Gazzettino*, [online] http://www.ilgazzettino.it/PAY/VENEZIA_PAY/un_corso_per_b adanti_pi_di_met_sono_italiane/notizie/568855.shtml [01/09/2014].

Braun, Michael (1994): INEF Report. Einwanderungsfrage und Staatskrise in Italien, *INEF Report*, 10, Gerhard-Marcator-Universität Duisburg.

Bussemaker, Jet/van Kersbergen, Kees (1994): Gender and Welfare States: Some Theoretical Reflections. In: Sainsbury, Diane (Hrsg.): *Gendering Welfare States*, London: Sage Publications.

Callari Galli, Matilde (2004): Dalle narrazioni raccolte: l'emergere delle reti amicali e le articolazioni dei pregiudizi. In: Sgrignuoli, Adina (Hrsg.): *Stereotipi e reti sociali tra lavoro e vita quotidiana. Un'analisi multiculturale delle complessità di genere*, Rimini: Guaraldi.

Canestrini, Nicola (2010): Il diritto di resistenza rispetto a fatti di incitamento all'odio razziale, [online pdf-Dokument] http://canestrinilex.it/pdf/razzismo.pdf [01/09/2014].

Censis (2014a): Boom di badanti nelle case degli italiani: sono 1 milione 655mila, +53% in dieci anni. Nel 2030 ne serviranno 500mila in più. In *Censis. Comunicati Stampa*, [online] http://www.censis.it/7?shadow_comunicato_stampa=120912 [01/09/2014].

Censis (Hrsg.) (2014b): Il capitolo «Sicurezza e cittadinanza» del 47° Rapporto Censis sulla situazione sociale del Paese/2013, [online] http://www.censis.it/7?shadow_comunicato_stampa=120946 [01/09/2014].

Centro Studi Unioncamere Veneto (Hrsg.) (2013): La situazione economica del Veneto. Rapporto annuale 2013, [online pdf-Dokument]
http://www.ven.camcom.it/userfiles/ID171__SituazioneRapporto Annuale_2013.pdf [01/09/2014].

Chiaretti, Giuliana (Hrsg.) (2005): *Inclusione sociale. Prospettive, esperienze, ricerche sul campo*, Venezia: Università di Ca' Foscari.

Chiaretti, Giuliana (2007): La catena globale del lavoro di cura. In: Corradi, Laura/Perrocco, Fabio (Hrsg.): *Sociologia e globalizzazione*, Milano: Mimesis Editore.

Chiaretti, Giuliana (2009): La redistribuzione del lavoro domestico e di cura tra noi, donne indigene, e loro, donne immigrate, [online pdf-Dokument]
http://venus.unive.it/matdid.php?utente=chiarett&base=prof.sa+C hiaretti+Saggi+e+articoli%2FChiarettiLa+redistribuzione.pdf&cmd=file [01/09/2014].

Baretti, Federica (2009): Corsi per badanti, boom di italiane E la crisi convince anche gli uomini. Tutti studieranno il dialetto. Muraro: «Disoccupati nostri». In: *Corriere Del Veneto*, [online]
http://corrieredelveneto.corriere.it/veneto/notizie/cronaca/2009/17 -dicembre-2009/corsi-badanti-boom-italiane-crisi-convince-anche-uomini-1602168498085.shtml [01/09/2014].

Buzzanca, Silvio (2014): Renzi completa la sua squadra nove vi-ceministri, 35 sottosegretari. Erschienen am 01 März 2014, In: *La Repubblica.it*, [online]
http://ricerca.repubblica.it/repubblica/archivio/repubblica/2014/03 /01/renzi-completa-la-sua-squadra-nove-viceministri.html?ref=search [01/09/2014].

CGIA Mestre (o.V.) (2011): La crisi ha colpito soprattutto Puglia, Veneto, Lombardia e Friuli V.G.. In: *CGIA Mestre. Area Stampa*, [online] http://www.cgiamestre.com/2011/05/la-crisi-ha-colpito-soprattutto-puglia-veneto-lombardia-e-friuli-v-g/ [01/09/2014].

Cisl Veneto (o.V.) (2011): LA DENUNCIA. In ritardo di un anno i pagamenti degli assegni di cura destinati agli non autosufficienti a basso reddito. Erschienen am 22. Oktober 2011. In: *cislveneto.it*, [online]
http://www.cislveneto.it/Rassegna-stampa-Veneto/LA-DENUNCIA.-In-ritardo-di-un-anno-i-pagamenti-degli-assegni-di-cura-destinati-agli-non-autosufficienti-a-basso-reddito [01/09/2014].

CNA (2013) (o.V.): Comunicato Stampa, [online pdf-Dokument]
http://www.centrostudisintesi.com/new/wp-content/uploads/CNA-VENETO-OSSERVATORIO-FISCALITA-LA-CRISI-HA-BRUCIATO-18-ANNI-DI-CRESCITA.pdf [01/09/2014].

Cnel (Hrsg.) (2012): Stati generali sul lavoro delle donne in Italia. Atti del Convegno, [online pdf-Dokument]
http://www.cnel.it/53?shadow_documenti=22694 [01/09/2014].

Cnel (Hrsg.) (2014): Contratto collettivo nazionale di lavoro sulla disciplina del rapporto di lavoro domestico, [online pdf-Dokument]
http://www.cnel.it/application/xmanager/projects/cnel/attachments/shadow_schede_contratto_corrente_attachment/files/000/627/100/15069.pdf [01/09/2014].

Comitato Promotore Reddito Minimo Garantito (o.V.) (2012): Homepage, [online]
http://www.redditogarantito.it/#!/home [01/09/2014].

Cortese, Marino (2014): 1970-2010: quarant'anni di storia della Regione Veneto. In: Agostini, Filiberto (Hrsg.) (2014): *La Regione del Veneto, a quarant'anni dalla sua istituzione. Storia, politica diritto*, Milano: Franco Angeli.

Cosentino, Raffaela/Dolente, Federica/Serughetti, Giorgia (2014): Parlare Civile. Immigrazione. Badante. In: *Parlare Civile. Comunicare senza discriminare*, [online] http://www.parlarecivile.it/argomenti/immigrazione/badante.aspx [01/09/2014].

Dackweiler, Regina-Maria (2005): Die Konstruktion von Geschlechter-Wirklichkeit durch den Wohlfahrtstaat. In: Henninger, Annette/Ostendorf, Helga (Hrsg.): *Die politische Steuerung des Geschlechtsregimes*, Wiesbaden: VS Verlag für Sozialwissenschaften.

Dackweiler, Regina-Maria (2010): Wohlfahrtstaat: Institutionelle Regulierung und Transformation der Geschlechterverhältnisse. In: Becker, Ruth/Kortendieck, Beate (Hrsg.): *Handbuch Frauen- und Geschlechterforschung. Theorie, Methoden, Empirie. 3., erweiterte und durchgesehene Auflage*, Wiesbaden: VS Verlag für Sozialwissenschaften.

Dackweiler, Regina-Maria/Schäfer, Reinhild (2010): *Wohlfahrtsstaatlichkeit und Geschlechterverhältnisse aus feministischer Perspektive*, Münster: Verlag Westfälisches Dampfboot.

Dalla Costa, Mariarosa (1973): Die Frauen und der gesellschaftliche Umsturz. In: Dalla Costa, Mariarosa/James, Selma (Hrsg.): *Die Macht der Frauen und der Umsturz der Gesellschaft*, Berlin: Merve-Verlag.

Dalla Costa, Mariarosa (1983): *Famiglia, welfare e stato tra Progressismo e New Deal*, Milano: FrancoAngeli.

Da Roit, Barbara (2007): Changing Intergenerational Solidarities within Families in a Mediterranean Welfare State: Elderly Care in Italy. In: *Current Sociology*, 55, S. 251.

Da Roit, Barbara/Le Bihan, Blanche/Österle, August (2007): Long-Term Care Policies in Italy, Austria and France: Variations in Cash-for-Care Schemes. In: *Social Policy & Administration*, 41(6), S. 653-671.

Da Roit, Barbara/Naldini, Manuela (2010): Should I Stay or Should I Go? Combining Work and Care for an Older Parent in Italy. In: *South European Society and Politics*, 15(2), S. 531-551.

Da Roit, Barbara/Sabatinelli, Stefania (2013): Nothing on the move or just going private? Understanding the freeze on child- and eldercare policies and the development of care markets in Italy. In: *Social Politics*, 20(3), S.430-453.

Da Roit, Barbara/Weicht, Bernhard (2013): Migrant care work and care, migration and employment regimes: A fuzzy-set analysis. In: *Journal of European Social Policy*, 23(5), S. 469-486.

Davies, Lizzy (2013): Italian senator says black minister has 'features of orangutan'. Erschienen am 14. July 2013. In: *The guardian* [online]
http://www.theguardian.com/world/2013/jul/14/italian-senator-roberto-calderoli-cecile-kyenge [01/09/2014].

de Angeli, Anna (2007): Donna, famiglia e mercato del lavoro. In: *Tartufi* (29), Venezia Mestre: Veneto Lavoro.

De Belvis, Antonio Giulio et al. (2012): The financial crisis in Italy: implications for the healthcare sector. In: *Health Policy*, 106(1), S. 10-16.

Degiuli, Francesca (2010): The burden of long-term care: how Italian family care-givers become employers. In: *Ageing and Society*, 30(5), S. 755-777.

Diamanti, Ilvo/Riccamboni, Gianni (1992): *La parabola del voto bianco. Elezioni e società in Veneto, 1996-1992*, Vicenza: Neri Pozza.

Diamanti, Ilvo (1995): *La Lega: geografia, storia e sociologia di un nuovo soggetto politico*, Roma: Donzelli.

Diamanti, Ilvo (1996): *Il male del Nord. Lega, localismo, secessione*, Roma: Donzelli.

Diamanti, Ilvo (2003): *Bianco, rosso, verde... e azzurro. Mappe e colori dell'Italia politica*, Bologna: Il Mulino.

Direzione Generale dell'Immigrazione e delle Politiche di Integrazione (Hrsg.) (2014): Quarto Rapporto Annuale. Gli immigrati nel mercato di lavoro, [online pdf-Dokument]
http://www.lavoro.gov.it/Notizie/Documents/IV%20Rapporto%20 annuale%20MdL%20immigrati%202014.pdf [01/09/2014].

Disabili.com (2013): La disabilità non è un fatto privato: la fish Veneto contro la giunta Zaia, In: *Disabili.com*, [online]
http://www.disabili.com/legge-e-fisco/articoli-legge-e-fisco/la-disabilita-non-e-un-fatto-privato-la-fish-veneto-contro-la-giunta-zaia-[01/09/2014].

Dressel, Kathrin/Wanger, Susanne (2010): Erwerbsarbeit: Zur Situation von Frauen auf dem Arbeitsmarkt. In: Becker, Ruth/Kortendieck, Beate (Hrsg.): *Handbuch Frauen- und Geschlechterforschung. Theorie, Methoden, Empirie. 3., erweiterte und durchgesehene Auflage*, VS Wiesbaden: Verlag für Sozialwissenschaften.

Ehrenreich, Barbara/Hochschild, Arlie Russel (2002): *Global Woman. Nannies, Maids and Sex Workers in the New Economy*, New York: Holt Paperbacks.

Einaudi, Luca (2007): *Le politiche dell'immigrazione dall'Unità a oggi*. Roma: Laterza.

Elrick, Tim/Lewandowska, Emilia (2008): Matching and Making Labour Demand and Supply: Agents in Polish Migrant Networks of Domestic Elderly Care in Germany and Italy. In: *Journal of Ethnic and Migration Studies*, 34(5), S. 717-734.

Englert, Kathrin (2007): Globalisierte Hausarbeiterinnen in Deutschland. In: Groß, Melanie / Winker, Gabriele (Hrsg.): *Queer-| Feministische Kritiken neoliberaler Verhältnisse*, Münster: UNRAST-Verlag.

Esping-Andersen, Gøsta (1990): *The Three Worlds of Welfare Capitalism*, Princeton: Princeton University Press.

Esping-Andersen, Gøsta (2003a): A Child-Centred Social Investment Strategy. In: Esping-Andersen, Gøsta/Gallie, Duncan/Hemerijk, Anton/Myers, John: *Why We Need a New Welfare State*, Oxford: Oxford University Press.

Esping-Andersen, Gøsta (2003b): A New Gender Contract in Esping-Andersen, Gøsta /Gallie, Duncan/Hemerijk, Anton/Myers, John: *Why We Need a New Welfare State*, Oxford: Oxford: University Press.

Eurostat (2014): *EU Employment and Social Situation Quarterly Review March 2013 – Special Supplement on Demographic Trends*, Luxembourg: Publications Office of the European Union.

Federici, Silvia (1975): *Salario contro il lavoro domestic*, Napoli: Collettivo Femminista Napoletano per il Salario al Lavoro Domestico.

Federici, Silvia (2012): *Revolution at Point Zero. Housework, Reproduction, and Feminist Struggle*, Oakland: PM Press.

Finch, Janet/Mason, Jennifer (1993): Obligations of kinship in contemporary Britain, is there normative agreement? In: *British Journal of Sociology*, 42(3), S. 345-367.

Flick, Uwe (2002): *Qualitative Sozialforschung. Eine Einführung*, Hamburg: Rowohlt Taschenbuch Verlag

Fondazione Nord Est/Oliva, Silvia (Hrsg.) (2013): Il tempo ritrovato. Percorsi, idee e proposte di conciliazione in Veneto, [online pdf-Dokument]
http://www.regione.veneto.it/c/document_library/get_file?uuid=1 7ab83f1-0993-4b34-9072-8591078c8711&groupId=10785 [01/09/2014].

Foucault, Michael (1975): *Mikrophysik der Macht. Über Strafjustiz, Psychiatrie und Medizin*, Berlin 1976.

Foucault, Michel (1983): *Die Wille zum Wissen. Sexualität und Wahrheit 1*, Frankfurt am Main: Suhrkamp.

Franzoni, Flavia/Anconelli, Marisa (2014): *La rete dei servizi alla persona. Dalla normative all'organizzazione*, CarocciFaber Editore: Roma.

Fraser, Nancy (1989): *Unruly Practices: Power, Discourse and Gender in Contemporary Social Theory*, Minneapolis: University of Minnesota Press.

Fraser, Nancy/Gordon, Linda (1994): "Dependency" demystified: inscription of power in a keyword of the welfare state. In: *Social Politics*, 1(1), S. 4-31.

Galm – Gruppo di Animazione Lesionati Midollari (2013): Gli extra LEA domiciliari e l'Impegnativa di Cura Domiciliare. Una commedia in salsa veneta. Erschienen am 24. August 2013. In: *glam.it* [online]
http://www.galm.it/gli-extra-lea-domiciliari-e-limpegnativa-di-cura-domiciliare-una-commedia-in-salsa-veneta/ [01/09/2014].

Gerhard, Ute/Klinger, Cornelia (2013): Über Care / Fürsorgliche Praxis und Lebenssorge. In: *Feministische Studien*, 2, S. 267-277.

Geissler, Birgit/Pfau-Effinger, Birgit (Hrsg.) (2005a): *Care and social integration in European societies*, Bristol: Policy Press.

Geissler, Birgit/Pfau-Effinger, Birgit (2005b): Change in European care arrangement. In: Geissler, Birgit/Pfau-Effinger, Birgit (Hrsg.): *Care and social integration in European societies*, Bristol: Policy Press.

Giacobini, Carlo (2014): Invalidi civili: l'indennità di accompagnamento. In: *HanYlex.org* [online]
http://www.handylex.org/schede/icaccompagna.shtml [01/09/2014].

Hess, Sabine (2005): *Globalisierte Hausarbeit. Au-pair als Migrationsstrategie von Frauen aus Osteuropa*. Wiesbaden: VS Verlag für Sozialwissenschaften.

INPS (Hrsg.) (2013): Rapporto annuale 2012, [online pdf-Dokument]
http://www.inps.it/docallegati/Informazioni/Documents/INPS_RA%202012_interno%209.7.2013.pdf [01/09/2014].

INPS (2014a): Prestazioni a sostegno del reddito, [online]
https://www.inps.it/portale/default.aspx?sID=%3b0%3b5673%3b&lastMenu=5673&iMenu=1&p4=2 [01/09/2014].

INPS (2014b): Invalidi civili. Indennità di accompagnamento, [online]
http://www.inps.it/portale/default.aspx?sID=0%3b5773%3b5902%3b6004%3b6021%3b6028%3b&lastMenu=6028&iMenu=1 [01/09/2014].

INPS (2014c): Osservatorio sui lavoratori domestici. Dati Annuali, [online]
http://www.inps.it/webidentity/banchedatistatistiche/domestici/index.jsp [01/09/2014].

INPS (2014d): Osservatori statistici sui lavoratori domestici. Dati Annuali. Veneto, [online]
http://www.inps.it/webidentity/banchedatistatistiche/domestici/index01.jsp [01/09/2014].

Iref/Acli Colf/Acli Patronato (Hrsg.) (2014): Viaggio nel lavoro di cura. Le trasformazioni del lavoro domestico nella vita quotidiana tra qualità del lavoro e riconoscimento delle competenze. Anticipazione della ricerca, [online pdf-Dokument]
https://docs.google.com/file/d/0B1RlpG85eewXUjRNclZ3Y0NsdDg/edit [01/09/2014].

ISTAT (Hrsg.) (2007): Le statistiche di genere. Approfondimenti, [online]
http://www3.istat.it/salastampa/comunicati/non_calendario/20070307_00/ [01.09.2014].

ISTAT (Hrsg.) (2012): *Uso del tempo e ruoli di genere. Tra lavoro e famiglia nel ciclo di vita*, Roma, ohne Verlag, [auch online] http://www3.istat.it/dati/catalogo/20120705_00/Arg_12_43_Uso_del_tempo_e_ruoli_di_genere.pdf [01.09.2014].

ISTAT (Hrsg.) (2014): *Rapporto annuale 2014. La situazione del paese*, Roma, ohne Verlag. [auch online]
http://www.istat.it/it/files/2014/05/Rapporto-annuale-2014.pdf [01.09.2014].

LeggiOggi.it (o.V.) (2014): Pensione 2014, tutte le modifiche alla legge su anzianità, contribute, minima e integrazioni. In: *LeggiOggi.it Quotidiano giuridico politico economico*, [online]
http://www.leggioggi.it/pensione-2014-tutte-le-modifiche-alla-legge-su-anzianita-contributi-minima-e-integrazioni/ [01.09.2014].

Klinger, Cornelia/Knapp, Gudrun-Axeli/Sauer, Birgit (Hrsg.) (2007): *Achsen der Ungleichheit. Zum Verhältnis von Klasse, Geschlecht und Ethnizität*, Frankfurt/Main: Campus Verlag GmbH.

Kreimer, Margareta (2009): *Ökonomie der Geschlechterdifferenz. Zur Persistenz von Gender Gap*, Wiesbaden: VS Verlag für Sozialwissenschaften.

La Repubblica.it (o.V.) (2009): Immigrati: Giovanardi, regolarizzare colf e badanti. Erschienen am 5.July 2009. In: *La Repubblica.it*, [online]
http://www.repubblica.it/ultimora/24ore/IMMIGRATI-GIOVANARDI-REGOLARIZZARE-COLF-E-BADANTI/news-dettaglio/3689339 [01/09/2014].

Leira, Arnlaug (1992): *Models of motherhood: Welfare state policy and Scandinavian experiences of everyday practices*, Cambridge: Cambridge University Press.

Le Monde.fr (o.V.) (2013): Les nouvelles insultes racistes contre Cécile Kyenge ne troublent pas l'été romain. Erschienen am 15. July 2013. In: *Le Monde Blog* [online]
http://italie.blog.lemonde.fr/2013/07/15/les-nouvelles-insultes-racistes-contre-cecile-kyenge-ne-troublent-pas-lete-romain/ [01/09/2014].

Lewis, Jane (1992): Gender and the development of welfare regimes. In: *Journal of European Social Policy*, 2(3), S. 159-73.

Lutz, Helma (2007): *Vom Weltmarkt in den Privathaushalt. Die neuen Dienstmädchen im Zeitalter der Globalisierung*, Opladen: Verlag Barbara Budrich.

Lutz, Helma (2008): Introduction: Migrant Domestic Workers in Europe. In: Lutz, Helma (Hrsg.): *Migration and Domestic Work. A European Perspective on a Global Theme*, Adelrshot: Ashgate Publishing Limited.

Manna, Valentina (2013): Il lavoro delle donne: avanzamenti e contraddittorietà delle normative e della loro applicazione. In: *La camera blu. Rivista di studi di genere*, 7, S. 128-142.

Masera, Luca/Viganò, Francesco (2013): Abolire la Bossi-Fini? In: Diritto Penale Contemporaneo, Periodico Trimestrale [online pdf-Dokument]
http://www.penalecontemporaneo.it/upload/1381693983MASER A%20VIGANO2013a.pdf [01/09/2014].

Masiero, Nicoletta/Spano, Pierangelo (2010): Il lavoro delle donne tra vecchie e nuove vulnerabilità nel settore terziario in Veneto. In: *Paper Ihres*, 66, Venezia Mestre: Ires.

McRae, Heather (2006): Rescaling Gender Relations: The Influence of European Directives on the German Gender Regime. In: *Social Politics*, 13(4), 522-550.

Messaggero Veneto (o.V.) (2013a): Crisi, anche le italiane fanno le badanti. Erschienen am 20. August 2013. In: *Messaggero Veneto*, [online]
http://messaggeroveneto.gelocal.it/udine/cronaca/2013/08/20/new s/crisi-anche-le-italiane-fanno-le-badanti-1.7609797 [01/09/2014].

Messaggero Veneto (o.V.) (2013b): Perso il posto, le italiane si reinventano badanti. Erschienen am 10. März 2013. In: *Messaggero Veneto*, [online]

http://messaggeroveneto.gelocal.it/udine/cronaca/2013/03/10/new
s/perso-il-posto-le-italiane-si-reinventano-badanti-1.6676817
[01/09/2014].

Mies, Maria (1988): *Patriarchat und Kapital. Frauen in der internationalen Arbeitsteilung*, Zürich: Rotpunkt.

Ministero dell'Interno (2011): Pubblicato sulla Gazzetta Ufficiale il decreto flussi 2010. Erschienen am: 3. Januar 2011. In: *Minisitero dell'Interno Notizie. Immigrazione*, [online]
http://www.interno.gov.it/mininterno/export/sites/default/it/sezion i/sala_stampa/notizie/immigrazione/000116_2011_01_03_decreto_flu ssi_g_u_.html [01/09/2014].

Ministero dell'Interno (Hrsg.) (2014a): Dichiarazione di Emersione. Riepilogo definitivo domande pervenute su scala nazionale. Distribuzione per provincia di lavoro e nazionalità di provenienza del lavoratore, [online pdf-Dokument]
http://www.interno.gov.it/mininterno/export/sites/default/it/assets/ files/16/0033_Report_Conclusivo_-_Dichiarazione_di_Emersione.pdf [01/09/2014].

Ministero dell'Interno (2014b): Flussi d'ingresso stagionali 2014, al via la precompilazione on line delle domande. Erschienen am: 3. April 2014. In: *Minisitero dell'Interno Notizie. Immigrazione*, [online]
http://www.interno.gov.it/mininterno/site/it/sezioni/sala_stampa/n oti-
zie/immigrazione/2014_04_03_precompilazione_domande_stagionali _2014.html [01/09/2014].

Ministero del Lavoro e delle Politiche Sociali (Hrsg.) (2014): Disciplina del rapporto del lavoro. Lavoro domestico: accordo siglato il 6 febbraio 2014 (formato .pdf 747 Kb) - tabella minimi retributivi fissati dalla Commissione nazionale - decorrenza 1 gennaio 2014, [online pdf-Dokument]
http://www.lavoro.gov.it/AreaLavoro/RapportiLavoro/disciplina/ Documents/accordo_6feb_domestico.pdf [01/09/2014].

Montemurro, Francesco (2011): Le Case di Riposo in Italia. Prima Ricerca Nazionale Auser sulle Case di Riposo, [online pdf-Dokument] http://images.auser.it/f/casediriposo/ca/caseriposo.pdf [01/09/2014].

Näre, Lena (2013): Migrancy, Gender and Social Class in Domestic Labour and Social Care in Italy: An Intersectional Analysis of Demand. In: *Journal of Ethnic and Migration Studies*, 39(4), S. 601-623.

Naldini, Manuela (2003): *The Family in the Mediterranean Welfare States*, London: Frank Cass Publishers.

Naldini, Manuela/Saraceno, Chiara (2008): Social and Family Policies in Italy: Not Totally Frozen but Far from Structural Reforms. In: *Social Policy & Administration*, 42(7), S. 733-748.

NonLeggerlo, Wil (2014): Kyenge, cento giorni di insulti. Erschienen am 19. August 2013. In: *L'Espresso*, [online] http://espresso.repubblica.it/palazzo/2013/08/19/news/kyenge-cento-giorni-di-insulti-1.57931 [01/09/2014].

Nosotras Onlus (2014): Progetti Nazionali, [online] http://www.nosotras.it/progetti/nazionali/ [01/09/2014].

Notz, Gisela (2010): Arbeit: Hausarbeit, Ehrenamt, Erwerbsarbeit. In Becker, Ruth/Kortendieck, Beate (Hrsg.): *Handbuch Frauen- und Geschlechterforschung. Theorie, Methoden, Empirie. 3., erweiterte und durchgesehene Auflage*, Wiesbaden: VS Verlag für Sozialwissenschaften.

O'Connor, Julia (1993): Gender, Class and Citizenship in the Comparative Analysis of Welfare State Regimes: Theoretical and Methodological Issues. In: *British Journal of Sociology*, 44 (3), S. 501-518.

O'Connor, Julia S./Orloff, Ann Shola/Shaver, Sheila (1999): *States, Markets, Families. Gender, Liberalism and Social Policy in Australia, Canada, Great Britain and the United States*, Cambridge: Cambridge University Press.

Ordaz, Pablo (2013): El racismo avergüenza a Italia. Erschienen am 15. July 2013. In: *El País Internacional*, [online] http://internacional.elpais.com/internacional/2013/07/15/actualida d/1373915948_747283.html [01/09/2014].

Orloff, Ann Shola (1993) Gender and the Social Rights of Citizenship: The Comparative Analysis of Gender Relations and Welfare States. In: *American Sociological Review*, 58(3), S.303-328.

Osservatorio Regionale Immigrazione (Hrsg.) (2013): Immigrazione straniera in Veneto. Rapporto 2013, [online pdf-Dokument] http://www.venetoimmigrazione.it/osservatorio/ckfinder/userfiles/ files/Rapporto_2013.pdf [01/09/2014]

Ostner, Ilona/Lewis, Jane (1995): Gender and the Evolution of European Social Policy. In: Pierson, Paul/Leibfried, Stephan (Hrsg.): *European Social Policy. Between Fragmentation and Integration*, Washington: The Brookings Institution.

Ostner, Ilona (1995): Arm ohne Ehemann? Sozialpolitische Regulierung von Lebenschancen für Frauen im internationalen Vergleich. In: *Politik und Zeitgeschichte*, 36-37, S. 3-12.

Ostner, Ilona (1998): Quadraturen im Wohlfahrtsdreieck. Die USA, Schweden und die Bundesrepublik im Vergleich. In: Lessenich, Stephan/Ostner, Ilona (Hgrs.): *Welten des Wohlfahrskapitalismus. Der Sozialstaat in vergleichender Perspektive*, Frankfurt: Campus-Verlag.

Pace, Enzo (2014): La memoria storica, l'identità e le trasformazioni sociali del Veneto. In: Agostini, Filiberto (Hrsg.) (2014): *La Regione del Veneto, a quarant'anni dalla sua istituzione. Storia, politica diritto*, Milano: Franco Angeli.

Palenga-Möllenbeck, Ewa (2009): "Unsichtbare ÜbersetzerInnen" in der transnationalen Forschung: Übersetzung als Methode. In: Lutz, Helma (Hrsg.): *Gender Mobil? Geschlecht und Migration in transnationalen Räumen*, Münster: Westfälisches Dampfboot.

Parreñas, Rhacel Salazar (2002): The Care Crisis in the Philippines: Children and Transnational Families in the New Global Economy. In: Ehrenreich, Barbara/Hochschild, Arlie Russel (Hrsg.): *Global Woman. Nannies, Maids and Sex Workers in the New Economy*, New York: Holt Paperbacks.

Pascal, Gilliam/Lewis, Jane (2004): Emerging Gender Regimes and Policies for Gender Equality in a Wilder Europe. In: *Journal of Social Policy*, 33(3), S. 373-394.

Pasquinelli, Sergio/Rusmini, Giselda (2010): La regolarizzazione delle badanti. In: N.N.A. Network Non Autosufficienza (Hrsg.) (2013): *L'assistenza degli anziani non autosufficienti in Italia. 2° Rapporto. Tra crisi e ripartenze*, Santarcangelo di Romagna: Maggioli Editore.

Pasquinelli, Sergio/Rusmini, Giselda (2013): Il punto sulle badanti. In: N.N.A. Network Non Autosufficienza (Hrsg.) (2013): *L'assistenza degli anziani non autosufficienti in Italia. 4° Rapporto. Tra crisi e ripartenze*, Santarcangelo di Romagna: Maggioli Editore.

Pavan, Aldo (2014): Vivere a metà; diari di donne Ucraine, [DVD], [online]
http://www.aldopavan.it/multimediageo/multimedia_ita_badantiU craina.html [01/09/2014].

Petrini, Francesca (2011): Storia delle pensioni in Italia: le riforme della Seconda Repubblica. Erschienen am 18. Dezember 2011. In: *YouTrend. Tutti i numeri che fanno tendenza*, [online]
http://www.youtrend.it/2011/12/18/storia-delle-pensioni-in-italia-le-riforme-della-seconda-repubblica/ [01/09/2014].

Redazione Il Fatto Quotidiano (2014): Ddl sanzioni, abolito reato di immigrazione clandestina. Votano contro M5S, Fdi, Lega. Erschienen 2. April 2014. In: *Il Fatto Quotidiano*[online]
http://www.ilfattoquotidiano.it/2014/04/02/ddl-sanzioni-abolito-reato-di-immigrazione-clandestina-votano-contro-m5s-fdi-lega/936182/ [01/09/2014].

Regione del Veneto (2014a): Impegnativa di Cura domiciliare, [online] http://www.regione.veneto.it/web/sanita/impegnativa-di-cura-domiciliare [01/09/2014].

Regione del Veneto (2014b): Impegnativa di cura domiciliare. FAQ ICD. SEZIONE 1 – Elementi di carattere generale, [online] http://icd.regione.veneto.it/faq/01#TOC-5-Perch-l-AdC-Badante-stato-convertito-in-ICDb-di-valore-inferiore- [01/09/2014].

Regione del Veneto (2014c): Le impegnative di residenzialità e la libera scelta del cittadino, [online] http://www.regione.veneto.it/web/sociale/impegnative-di-residenzialita [01/09/2014].

Regione del Veneto (2014d): Servizio di Assistenza Domiciliare (s.a.d) e Assistenza Domiciliare Integrata (a.d.i), [online] http://www.regione.veneto.it/web/sociale/sad-e-adi [01/09/2014].

Regione del Veneto (2014e): Contributo assistenziale regionale "telesoccorso-telecontrollo", [online] http://www.regione.veneto.it/web/sociale/telesoccorso-e-telecontrollo [01/09/2014].

Reininger, Anton/Cicoira, Fabrizio (Hrsg.) (2012): Badare. In: *Paravia/Langenscheidts Handwörterbuch. Italienisch*, München: Langenscheidt Verlag.

Riccio, Bruno (2004): Le esperienze delle donne migrant nell'ambiente di lavoro e il difficile percorso verso un'organizzazione di sostegno reciproco. In: Sgrignuoli, Adina (Hrsg.): *Stereotipi e reti sociali tra lavoro e vita quotidiana. Un'analisi multiculturale delle complessità di genere*, Rimini: Guaraldi.

Rusmini, Giselda (2013): I progetti di sostegno del lavoro privato di cura: un bilancio. In: Pasquinelli, Sergio/Rusmini, Giselda (Hrsg.): *Badare non basta. Il lavoro di cura: attori, progetti, politiche*, Roma: Ediesse.

Sainsbury, Diane (Hrsg.) (1994): *Gendering Welfare States*, London: Sage Publications.

Sainsbury, Diane (1999): Gender, Policy Regimes and Politics. In: Sainsbury, Diane (Hrsg.): *Gender and Welfare State Regimes*, Oxford: Oxford University Press.

Sainsbury, Diane (2006): Immigrants' social rights in comparative perspective: welfare regimes, forms in immigration and immigration policy regimes. In: *Journal of European Social Policy*, 16(3), S. 229-244.

Salis, Ester (2013): The internationalization of European care regimes. A concept paper, [online pdf-Dokument] http://www.labmiggov.eu/wp-content/uploads/2012/05/The-internationalization-of-European-care-regime_4-10-2013.pdf [06.05.2014].

Saraceno, Chiara (1998): *Mutamenti della famiglia e politiche sociali in Italia*, Bologna: Società editrice il Mulino.

Saraceno, Chiara (2008): „Care" leisten und „Care" erhalten zwischen Individualisierung und Refamiliarisierung. In: *Berliner Journal für Soziologie*, 18(2), S. 244-256.

Saraceno, Chiara/Naldini, Manuela (2001): *Sociologia della famiglia*, Bologna: Il Mulino.

Saraceno, Chiara/Naldini, Manuela (2013): *Sociologia della famiglia. Terza Edizione*. Bologna: Il Mulino.

Saraceno, Chiara/Keck, Wolfgang (2011): Towards an integrated approach for the analysis of gender equity in policies supporting paid work and care responsibility. In: *Demographic Research*, 25(11), S. 371-406.

Sarti, Raffaela (2013): Italia domestica. Breve storia del personale di servizio. In: Pasquinelli, Sergio/Rusmini, Giselda (Hrsg.): *Badare non basta. Il lavoro di cura: attori, progetti, politiche*, Roma: Ediesse.

Senghaas-Knobloch, Eva (1999): Das Problem "Angewiesenheit" in der postindustriellen Gesellschaft. In: *Artec paper*, 75, Bremen: Universität Bremen.

Schmid, Josef (2010): *Wohlfahrtsstaaten im Vergleich: Soziale Sicherung in Europa. Organisation, Finanzierung, Leistungen und Probleme. 3., aktualisierte und erweiterte Auflage*, Wiesbaden: VS Verlag für Sozialwissenschaften.

Schmidt, Tanja (2012): Gender und Genderregime. In: Bartelheimer, Peter/Fromm, Sabine/Kädtler, Jürgen (Hrsg.): *Berichterstattung zur sozioökonomischen Entwicklung in Deutschland. Teilhabe im Umbruch. Zweiter Bericht*, Wiesbaden: VS Verlag für Sozialwissenschaften.

Scrinzi, Francesca (2008): Migration and the restructuring of the Welfare state in Italy. Change and continuity in the Italian domestic work sector. In: Lutz, Helam (Hrsg.): *Migration and Domestic Work. A European Perspective on a Global Theme*, Adelrshot: Ashgate Publishing Limited.

Simonazzi, Annamaria (2009): Care regimes and national employment models. In: *Cambridge Journal of Economics*, 33(2), S. 211-32.

Sosso, Gigi (2013): Badanti, concorrenza italiana alle ucraine. Bacheche e giornali di annunci pieni di richieste di lavoro. Da Corte (Cgil): «Il nero è inaumento». Erschienen am 28. März 2013. In: *Corriere delle Alpi*, [online]
http://corrierealpi.gelocal.it/cronaca/2013/03/28/news/badanti-concorrenza-italiana-alle-ucraine-1.6787332 [01/09/2014].

SSRMdL (Hrsg.) (2011): Donne in Italia. Una grande risorsa non ancora pienamente utilizzata. I principali indicatori sulla condizione sociale ed economica delle donne e sulle criticità irrisolte della partecipazione femminile al mercato del lavoro. Progetto "Lavoro Femminile Mezzogiorno (LaFemMe)/Staff statistica, studi e ricerche sul mercato del lavoro (SSRMdL) /Italialavoro, [online pdf-Dokument]

http://www.italialavoro.it/wps/wcm/connect/286ffd004e30b06797
849759535ba122/Donne_Italia_def.pdf?MOD=AJPERES
[01/09/2014].

Stranieri in Italia (o.V.) (2014a): Assumere legalmente una colf o
badante, [online]
http://www.colfebadantionline.it/assumere-legalmente-un-
lavoratore.html [01/09/2014].

Stranieri in italia (2014b): Contatti, [online]
http://www.stranieriinitalia.it/contatti_124.html [01/09/2014].

Stranieri in Italia (o.V.) (2014c): Chi sono Ii lavoratori domestici,
[online]
http://www.colfebadantionline.it/chi-sono-i-lavoratori-
domestici.html [01/09/2014].

Stuppini, Andrea (2013): Lavoro domestico e politiche migratorie.
In: Pasquinelli, Sergio/Rusmini, Giselda (Hrsg.): *Badare non basta. Il
lavoro di cura: attori, progetti, politiche*, Roma: Ediesse.

Taccani, Patrizia (2013): Da mani familiari a mani altre. In: Pasquinelli, Sergio/Rusmini, Giselda (Hrsg.): *Badare non basta. Il lavoro di cura: attori, progetti, politiche*, Roma: Ediesse.

taz.de (o.V.) (2013): Bananen für die schwarze Ministerin. Erschienen am 28. Juli 2013. In: *taz.de*, [online]
http://www.taz.de/!120785/ [01/09/2014].

Thomas, Carol (1993): De-constructing concepts of care. In:
Sociology, 27(4), S. 649-69.

Tuider, Elisabeth (2009): Transnationales Erzählen. Zum Umgang
mit Über-Setzungen in der Biographieforschung. In: Lutz, Helma
(Hrsg.): *Gender Mobil? Geschlecht und Migration in transnationalen
Räumen*, Münster: Westfälisches Dampfboot.

Turchi, Gian Piero/Romanelli, Michele (2013): *Flussi migratori, comunità e coesione sociale. Nuove sfide per la mediazione*, Milano: Franco Angeli.

UN News Centre (o.V.) (2013): UN human rights office condemns racist attacks against French justice minister. Erschienen am 15. November 2013. In: *UN News Centre*, [online]
http://www.un.org/apps/news/story.asp?NewsID=46496#.U5R50 ZR_vQk [01/09/2014].

van Hooren, Franca (2008): Welfare Provision beyond National Boundaries: The Politics of Migration and Elderly Care in Italy. In: *Rivista Italiana di Politiche Pubbliche*, 3, S. 87–113.

van Hooren, Franca (2010): When Families Need Immigrants: The Exceptional Position of Migrant Domestic Workers and Care Assistants in Italian Immigration Policy. In: *Bulletin of Italian Politics*, 2(2), S. 21-38.

Veikou, Mariangela/Triandafyllidou, Anna (2001): Immigration Policy and its implementation in Italy. In: Triandafyllidou, Anna (2001): *Migration Pathways. A historic, demographic and policy review of four European countries*. (o.O): European University Institute.

Veneto Lavoro (2014): Rapporto 2014. Discesa finita? Crisi al sesto anno: assotigliati ancora posti di lavoro e risorse imprenditoriali, [online pdf-Dokument]
http://www.venetolavoro.it/documents/10180/2353634/Rapporto_2014.pdf [01/09/2014].

von Werholf, Claudia (1978): Frauenarbeit: Der blinde Fleck in der Kritik der politischen Ökonomie. In: *Beiträge zur feministischen Theorie und Praxis*, 1, S. 18-32.

Williams, Fiona (2010): Migration and Care: Themes, Concepts and Challenges. In: *Social Policy and Society*, 9, S. 385-396.

Williams, Fiona (2012): Converging variations in migrant care work in Europe. In: *Journal of European Social Policy*, 22(4), S. 363-376.

Williams, Fiona (2014): Migration and Care Work in Europe: making connections across the transnational political economy of care, [online pdf-Dokument] http://www.social-policy.org.uk/lincoln2011/Williams%20F%20P2.pdf [01/09/2014].

Zincone, Giovanna (2014): Italian immigrants and immigration policy-making: Structures, actors and practices. IMISCOE Working Paper, FIERI, [online]
http://dare.uva.nl/document/39856 [01/09/2014].

Allegato A (d.g.r. 4135/2006) (2006): Allegato A alla Deliberazione della Giunta Regionale n. 4135 del 19 Dicembre 2006. Assegno di cura. Procedure per l'anno 2007. In: *Bollettino Ufficiale della Regione del Veneto n. . 112 del 29 Dicembre 2006.*

Allegato A (d.g.r. 1338/2013) (2013): Allegato A alla Deliberazione della Giunta Regionale n. 1338 del 30 Luglio 2013. L'impegnativa di cura domiciliare (ICD). In: *Bollettino Ufficiale della Regione del Veneto n. 72 del 30 Agosto 2013.*

Codice Civile (1942): Libro primo. Delle Persone e della Famiglia Titolo XIII-Degli alimenti. Artt. 433-448.

Decreto del Presidente del Consiglio dei Ministri 17 Dicembre 2004 (2004): Programmazione dei flussi d'ingresso dei lavoratori extracomunitari per il 2005. In: *Gazzetta Ufficiale n. 26 del 2 Febbraio 2005.*

Decreto del Presidente del Consiglio dei Ministri 15 Febbraio 2006 (2006): Flussi d'ingresso dei lavoratori extracomunitari per il 2006. In: *Gazzetta Ufficiale n. 55 del 7 Marzo 2006.*

Decreto del Presidente del Consiglio dei Ministri 25 Dicembre 2006 (2006): Flussi d'ingresso dei lavoratori extracomunitari: quota aggiuntiva per il 2006. In: *Gazzetta Ufficiale n. 285 del 7 Dicembre 2006.*

Decreto del Presidente del Consiglio dei Ministri del 30 Ottobre 2007 (2007): Flussi d'ingresso dei lavoratori extracomunitari: quota aggiuntiva per il 2007. In: *Gazzetta Ufficiale n. 279 del 30 Novembre 2007.*

Decreto del Presidente del Consiglio dei Ministri del 16 Ottobre 2012 (2012): Flussi d'ingresso dei lavoratori non comunitari non stagionali per l'anno 2012. In: *Gazzetta Ufficiale n.273 del 22 Novembre 2012.*

Decreto del Presidente del Consiglio dei Ministri del 25 Novembre 2013 (2013): Flussi d'ingresso dei lavoratori non comunitari non stagionali per l'anno 2013. In: *Gazzetta Ufficiale n. 297 del 19 Dicembre 2013*.

Decreto-Legge 18 Novembre 1995 n.489 (1995): Disposizioni urgenti in materia di politica dell'immigrazione e per la regolamentazione dell'ingresso e soggiorno nel territorio nazionale dei cittadini dei Paesi non appartenenti all'Unione europea. In: *Gazzetta Ufficiale n. 270 del 18 Novembre 1995*.

Decreto-Legge 23 Maggio 2008 n.92 (2008): "Misure urgenti in materia di sicurezza pubblica". In: *Gazzetta Ufficiale n. 122 del 26 Maggio 2008*.
Deliberazione della Giunta Regionale n. 4135 del 19 Dicembre 2006 (2006): Assegno di cura per persone non autosufficienti. Procedure per l'anno 2007. In: *Bollettino Ufficiale della Regione del Veneto n. 112 del 29 Dicembre 2006*.

Deliberazione della Giunta Regionale n. 464 del 28 Febbraio 2006 (2006): L'assistenza alle persone non autosufficienti. In: *Bollettino Ufficiale della Regione del Veneto n. 30 del 28 Marzo 2006*.

Deliberazione della Giunta Regionale n. 464 del 20 Febbraio 2007 (2007): Indirizzi ed interventi per l'assistenza alle persone non autosufficienti. In: *Bollettino Ufficiale della Regione del Veneto n. 28 del 20 Marzo 2007*.

Deliberazione della Giunta Regionale n. 456 del 27 Febbraio 2007 (2007): Criteri di accesso ai servizi residenziali per persone anziane non autosufficienti – DGR 394/07 Integrazioni allo schema tipo di regolamento di cui alla DGR 38/2006. In: *Bollettino Ufficiale della Regione del Veneto n. 30 del 27 Marzo 2007*.

Deliberazione della Giunta Regionale n. 3905 del 15 Dicembre 2009 (2009): *Linee di indirizzo per l'istituzione del Registro pubblico regionale degli assistenti familiari e della Rete degli sportelli di assistenza familiare*. In: *Bollettino Ufficiale della Regione del Veneto n. 6 del 19 Gennaio 2010*.
Legge 30 Dicembre 1986 n. 943 (1986): Norme in materia di collocamento e di trattamento dei lavoratori extracomunitari immigrati e

contro le immigrazioni clandestine. In: *Gazzetta Ufficiale n. 8 del 12 Gennaio 1987*.

Legge 28 Febbraio 1990 n. 39 (Legge Martelli) (1990): Conversione in legge, con modificazioni, del decreto-legge 30 dicembre 1989, n. 416, recante norme urgenti in materia di asilo politico, di ingresso e soggiorno dei cittadini extracomunitari e di regolarizzazione dei cittadini extracomunitari ed apolidi già presenti nel territorio dello Stato. Disposizioni in materia di asilo. In: *Gazzetta Ufficiale n. 49 del 28 Febbraio 1990*.

Legge 6 Marzo 1998 n.40 (1998): Disciplina dell'immigrazione e norme sulla condizione dello straniero. In: *Gazzetta Ufficiale n. 59 del 12 marzo 1998 - Supplemento Ordinario n. 40*.

Legge 30 luglio 2002 n. 189 (2002): Modifica alla normativa in materia di immigrazione e di asilo. In: *Gazzetta Ufficiale n. 199 del 26 agosto 2002*.

Legge 28 Aprile 2014 n. 67 (2014): Deleghe al Governo in materia di pene detentive non carcerarie e di riforma del sistema sanzionatorio. Disposizioni in materia di sospensione del procedimento con messa alla prova e nei confronti degli irreperibili. In: *Gazzetta Ufficiale n.100 del 2 Maggio 2014*.

Suprema Corte di Cassazione IV Sez. Penale (2009): *Sentenza n. 41819 del 10/07/2009; n.2129 della sezione*.

Suprema Corte di Cassazione III Sez. Penale (2014): *Sentenza n.20263 del 15/05/2014*.

Sach- und Fachbücher
- Gesellschaftskritik
- Frauen-/ Männer-/ Geschlechterforschung
- Holocaust/ Nationalsozialismus/ Emigration
- (Sub)Kulturen, Kunst & Fashion, Art Brut
- Gewalt und Traumatisierungsfolgen
- psychische Erkrankungen

sowie
… junge urbane Gegenwartsliteratur,
Krimis / Thriller, Biografien

… Art Brut und Graphic Novels

www.marta-press.de